文物保护理论与方法研究

徐圆圆 著

延边大学出版社

图书在版编目（CIP）数据

文物保护理论与方法研究 / 徐圆圆著. -- 延吉：延边大学出版社，2022.7
　　ISBN 978-7-230-03470-8

Ⅰ. ①文… Ⅱ. ①徐… Ⅲ. ①文物保护－方法研究 Ⅳ. ①G26

中国版本图书馆CIP数据核字(2022)第128003号

文物保护理论与方法研究

著　　者：徐圆圆	
责任编辑：具红光	
封面设计：正合文化	
出版发行：延边大学出版社	
社　　址：吉林省延吉市公园路977号	邮　　编：133002
网　　址：http://www.ydcbs.com	E-mail：ydcbs@ydcbs.com
电　　话：0433-2732435	传　　真：0433-2732434
印　　刷：北京宝莲鸿图科技有限公司	
开　　本：787×1092　1/16	
印　　张：10	
字　　数：200 千字	
版　　次：2022 年 7 月 第 1 版	
印　　次：2022 年 7 月 第 1 次印刷	
书　　号：ISBN 978-7-230-03470-8	

定价：68.00元

前　言

"历史文化遗产承载着中华民族的基因和血脉，不仅属于我们这一代人，也属于子孙万代。要敬畏历史、敬畏文化、敬畏生态，全面保护好历史文化遗产，统筹好旅游发展、特色经营、古城保护，筑牢文物安全底线，守护好前人留给我们的宝贵财富。"2022年1月27日，习近平总书记在考察调研世界文化遗产山西平遥古城时，就保护历史文化遗产、传承弘扬中华优秀传统文化发表了重要讲话。这次重要讲话体现了以习近平同志为核心的党中央对历史文化遗产保护的高度重视。

文物是人类在社会活动中遗留下来的具有历史、艺术、科学价值的遗物和遗迹，是人类宝贵的历史文化遗产。保护文物，对于人们认识自己的历史，揭示人类社会发展的客观规律，具有重要的意义。而研究文物保护的理论与方法，有助于文物工作者更好地开展文物保护工作。

本书共分为五章，第一章对文物做了简单介绍，主要介绍了文物的概念、范围、特点、价值、作用、所有权及分类；第二章介绍了文物保护的基本理论，包括对纸质藏品、油画藏品的科学保护，以及对藏品的智能化保护等内容；第三章对国有文物收藏及保护制度进行了研究；第四章对文物保护单位和历史文化名城保护制度进行了研究；第五章介绍了出土文物、馆藏文物的科学研究和保护等相关内容，涉及的文物有青铜器、书画、铁器、壁画等。

书稿在完成过程中借鉴了相关专家的学术著作，在此表示诚挚感谢。由于编写时间有限，疏漏之处在所难免，欢迎各位读者批评指正。

徐圆圆

2022年5月

目　录

第一章　文物概述 ... 1

 第一节　文物的概念和范围 ... 1
 第二节　文物的特点 ... 7
 第三节　文物的价值 ... 11
 第四节　文物的所有权 ... 15

第二章　文物保护的基本理论 ... 43

 第一节　纸质藏品的科学保护 ... 43
 第二节　油画藏品的科学保护 ... 50
 第三节　藏品的智能化保护 ... 56

第三章　国有文物收藏及保护制度 ... 59

 第一节　国有文物收藏和保管单位 ... 59
 第二节　国有文物收藏单位文物的来源 ... 62
 第三节　国有博物馆馆藏文物保管制度 ... 67
 第四节　国有馆藏文物保护与利用 ... 75
 第五节　国有馆藏文物安全制度 ... 81

第四章　文物保护单位和历史文化名城保护制度 ... 87

 第一节　公布文物保护单位 ... 87
 第二节　文物保护单位的保护制度和原则 ... 89

第三节　文物保护单位的保护措施 98
　　第四节　历史文化名城保护 105
　　第五节　国际社会关于保护历史文化名城的规定 110

第五章　出土文物、馆藏文物的科学研究和保护 115
　　第一节　青铜器的研究与保护 115
　　第二节　古书画装裱修复技艺 124
　　第三节　铁质文物的保护 130
　　第四节　古代壁画的保护 138

参考文献 151

第一章 文物概述

第一节 文物的概念和范围

中国是历史悠久的文明古国,有着光辉、灿烂的古代文明。文物是重要的文化遗产,是人们创造力和智慧的结晶,是人类社会发展的历史见证。它们承载着过去夺目的光辉,也昭示着未来的美好希望。

一、文物概念的内涵

文物是什么?从上述对文化遗产所用的名称来看,我国所称的文物是人类在社会活动中遗留下来的具有历史、艺术、科学价值的遗迹和遗物。也可以说,文物是历史上人们创造的或与创造活动有关的物质文化和精神文化的遗存,具有历史、艺术、科学价值,是重要的有形文化遗产。

根据上面的分析,我们可以明确以下几点:

第一,文物一般具有历史、艺术、科学三个方面的价值。

第二,文物应该是重要的、有代表性的实物。

第三,国家保护的文物具有广泛性,应是反映历代社会制度、社会生产、社会生活、文化艺术、科学技术等方面的有代表性的实物。各个方面的文物之间,具有广泛和密切的联系。只有全面保护各个方面的文物,才能使文物的价值不受损害。

二、文物概念的类别

在国际社会，由联合国教育、科学及文化组织（以下简称"联合国教科文组织"）大会通过的各种保护文化遗产的公约中，一般把文物称为"文化财产"或"文化遗产"。在联合国教科文组织大会第16届会议于1970年11月14日在巴黎通过的《关于禁止和防止非法进出口文化财产和非法转让其所有权的方法的公约》（以下简称"1970年公约"）和第17届会议于1972年11月在巴黎通过的《保护世界文化和自然遗产公约》（以下简称"1972年公约"）中，有"文化财产"和"文化遗产"两个概念，这两个概念所指并不相同。从公约所列内容来看，"文化财产"指可移动的文物，"文化遗产"指不可移动的文物。我国的"文物"这一概念，则既包括"文化财产"，又包括"文化遗产"。

文物是我国对有形文化遗产的总称，主要有不可移动文物和可移动文物两大类。

（一）不可移动文物

不可移动文物是古文化遗址、古墓葬、古建筑、石窟寺及石刻、壁画、纪念建筑、近现代代表性建筑、少数民族风格建筑等总的名称。所谓不可移动文物，是指其本体和周围环境联系在一起，不可能整体移动。周围环境既包括人文环境，又包括自然环境。

（二）可移动文物

可移动文物是古代各种器物、书画、古文献和近代现代各种器物、书画等的总称。出土文物、馆藏文物、传世文物、流散文物等都属于可移动文物。

1.出土文物

埋藏于地下或淹没于水中的古代各种器物等，经考古发掘出土，或经水下考古发掘出来；或者在工程建设和生产建设中发现的埋藏于地下或淹没于水中的各种器物等，称为出土文物。

出土文物原属于不可移动文物的一部分，即古代遗存中的遗物，出土以后，如不在原址与遗迹一起保护，则归为可移动文物。

2. 馆藏文物

收藏于博物馆、纪念馆、图书馆、档案馆及各文物机构的古代、近代和现代的可移动文物，称为馆藏文物。

3. 传世文物

自古代、近代辗转流传下来的古代各种器物、书画、碑帖和文献等，称为传世文物。它是可移动文物的一部分。

传世文物在古代由宫廷、官署收藏，或由私人收藏，许多重要的传世文物都流传有序。

4. 流散文物

私人收藏的传世文物和博物馆等专门收藏单位以外的单位、团体保存的古代各种器物、书画、碑帖、文献等可移动文物，以及拣选文物和罚没文物等。

从银行、冶炼厂、造纸厂以及废旧物资回收部门拣选出来，掺杂在金银器和废旧物资中的文物，称为拣选文物。

公安、海关、工商行政管理部门依法没收的文物，称为罚没文物。

三、文物的范围

文物的范围包括文物年代范围和文物类别（或种类）范围。

（一）文物年代范围

在中国，有多少年历史的器物、书画、文献、手稿等才算是文物呢？没有人可以回答这个问题，因为文物没有年代限制。

除了古代不可移动文物和可移动文物，近代以来历史上遗留下来的具有历史、艺术、科学价值的各种器物、书画、文献、手稿和建筑物等，无论年代长短，都可以被确定为文物。是否属于文物的关键是它有没有历史、艺术、科学价值。文物应是重要的、有代表性的实物。

据此，1949年10月1日，在中华人民共和国开国大典上，毛泽东主席宣布中华人民共和国成立的原版录音制品、毛泽东主席亲自升起的中华人民共和国国旗、毛泽东主席在天安门城楼上宣读的《中华人民共和国中央人民政府公告》等都是文物，它们是现代文物。1952年8月1日动工，1958年4月22日竣工、5月1日揭幕的、矗立于天安门广场的人民英雄纪念碑也是文物。

1950年6月16日，中央人民政府政务院在征集革命文物令中规定："革命文物之征集，以'五四'以来新民主主义革命为中心，远溯鸦片战争、太平天国、辛亥革命及同时期的其他革命运动史料。"征集的文物包括"凡一切有关革命之文献与实物，如：秘密和公开时期之报章、杂志、图画、档案、货币、邮票、印花、土地证、路条、粮票、摄影图片、表册、宣言、标语、文告、年画、木刻、雕像、传记、墓表；革命先辈和烈士的文稿、墨迹及用品，如：兵器、旗帜、证章、符号、印信、照相、衣服、日常用具等；以及在革命战争中所缴获的反革命文献和实物等"。这些文献和实物是近代以来可移动文物的重要组成部分。征集革命文物令也从法规上体现了文物没有年代限制这一特点。

1960年颁发的《关于文物出口鉴定标准的几点意见》中规定："凡属于社会主义革命和建设时期，具有高度政治意义和艺术水平的艺术创作、原手稿等，原则上禁止出口。"这从另一个角度说明，中国现代史上的艺术品和实物等，只要具有历史、艺术、科学价值，具有代表性和典型性，都可以被认定为文物，没有年代限制，而且原则上禁止出口。

此外，在1961年颁布的《文物保护管理暂行条例》、1982年颁布的《中华人民共和国文物保护法》①（以下全书简称为《文物保护法》）中，都没有规定文物应具有的年限。

关于现代文物，相关部门根据法律、法规，在实践中相继确定了一些标准。如文化部（该部门现已撤销——2018年3月，根据《国务院机构改革方案》，我国组建文化和旅游部，不再保留文化部。）为了保护文化遗产，在1989年公布了新中国成立后已故著名书画家作品限制出境的鉴定标准。其中作品一律不准出境的作者有徐悲鸿、傅抱石、潘天寿、何香凝、董希文、王式廓和李可染。精品和各时代代表作品不准出境的作者有于右任、齐白石、张大千、黄宾虹、蒋兆和、叶恭绰等67位。

在不可移动文物中，也有不少现代文物。如国务院1982年公布的第二批全国重点文物保护单位中，有"宋庆龄墓"（1981年）、"陈嘉庚墓"（1953年）；2001年公布的第五批全国重点文物保护单位中，有"大庆第一口油井"（1959年）、"第一个核武器研制基地旧址"（1957~1995年）。

（二）文物类别范围

中华人民共和国成立以来，我国政府颁布了一系列文物保护方面的方针、政策和法规。《文物保护法》中，对文物的内容或范围做了明确的规定：

第二条 在中华人民共和国境内，下列文物受国家保护：

（一）具有历史、艺术、科学价值的古文化遗址、古墓葬、古建筑、石窟寺和石刻、壁画；

（二）与重大历史事件、革命运动或者著名人物有关的以及具有重要纪念意义、教育意义或者史料价值的近代现代重要史迹、实物、代表性建筑；

---

① 《中华人民共和国文物保护法》于1982年通过，并经过1991年修正、2002年修订、2007年第二次修正、2013年第三次修正、2015年第四次修正、2017年第五次修正。现用版本为2017年修正版。

(三)历史上各时代珍贵的艺术品、工艺美术品;

(四)历史上各时代重要的文献资料以及具有历史、艺术、科学价值的手稿和图书资料等;

(五)反映历史上各时代、各民族社会制度、社会生产、社会生活的代表性实物。

文物认定的标准和办法由国务院文物行政部门制定,并报国务院批准。

具有科学价值的古脊椎动物化石和古人类化石同文物一样受国家保护。

以上内容明确地指出了国家保护文物的范围,我们可以通过这些归纳出文物的类别范围。文物类别划分方法多样,笔者在此只进行简单举例。

在不可移动的文物中,符合"(一)具有历史、艺术、科学价值的古文化遗址、古墓葬、古建筑、石窟寺和石刻、壁画"的古建筑,有砖石结构建筑和木结构建筑,基本包括木结构建筑、占塔、经幢、古桥、古城、园林等,以及其他古建筑,如牌坊、水利工程等。

如果再细分,每一大类下还可分为若干小类,如木结构建筑在我国古建筑中占有重要地位,按其性质可分为宫殿、坛庙、寺院、衙署、学宫、藏书楼、库藏、店肆、戏楼、作坊、会馆、旅邸、宅第、陵墓等。古文化遗址一般包括洞穴址、聚落址、城址、窑址,以及矿冶遗址、古战场遗址等。

至此,还可以再进一步细分。聚落址和城址还可以细分为村址、居址、宫殿址、城堡址、作坊址(冶铁作坊址、制陶作坊址等)、寺庙址等。经济性的建筑遗迹还可以细分为矿穴、采石坑、窑穴、仓库、水渠、水井等。防卫性的建筑遗迹还可以细分为壕沟、护城河、界沟、围墙、烽燧等。

在可移动文物中,符合"(五)反映历史上各时代、各民族社会制度、社会生产、社会生活的代表性实物"可作为一大类,这一大类又可分为石器、陶器、青铜器、金银器、铁器、玉器、漆器、竹木器、瓷器，以及纺织品等小类。各小类之下，还可进一步细分，在此不再展开论述。

第二节　文物的特点

一、文物的物质性

文物是有形的历史文化载体，是人类历史发展的见证。无论是不可移动文物，还是可移动文物，都是用一定的物质材料建造和制作的。如古器物用金属材料和非金属材料制作，用金属材料的有青铜器、金器、银器、铅锌器、铁器等；用非金属材料的有石器、骨器、角器、牙器、蚌器、陶器、玉器、漆器、木器、竹器、珐琅器等。又如古建筑领域，古塔按材质分，有木塔、砖塔、石塔、铁塔、琉璃塔等类型。以上内容体现了文物的物质性。离开了物质材料，文物也就不复存在。

文物的物质性又以一定的形态（形制、形式）存在。文物都是有形的，而且文物的形态是多种多样的。文物的造型、形状、形式是由人们建造、制作、生产它的用途、目的，以及当时可用的物质材料，文化、科技发展水平等决定的。随着社会的发展，文化和科学技术的进步，文物的形态（形制、形式）或风格也在不断发展变化。可以说，文物在一定程度上反映了当时的社会生活。

文物是一种表征中国历史文化的象征物和符号系统。文物的物质性使文物具有形象性和直观性，而文化内涵则深藏于物质载体之中。

二、文物的时代性

文物是特定历史时期的产物,是由它产生的那个时代的一定人群,根据当时的政治、经济、军事、文化等需要,运用当时所能得到的物质材料和掌握的技术创造出来的。每个历史遗迹或遗物无不被打上了时代的烙印,蕴涵着当时的政治、经济、文化、科学技术等诸多方面的内容和信息,因此没有时代的遗迹和遗存是不存在的。

文物的时代特点是文物时代性和时代内容在历史遗迹和遗物上的体现,我们可以从时代特点中看出,文物在其产生的时代所处的位置,以及它的地位和作用。每个遗迹或遗物从不同的侧面,反映了当时的政治、经济、军事、文化、风情习俗等,这些都是构成文物时代性的主要内容。这种时代特点,也是文物最重要的特点。

三、文物的不可再生性

文物的时代特点及时空性,决定了文物具有不可再生性。文物的不可再生性是指,已成为过去的,人们创造、制作的,具有历史、艺术、科学价值的文化遗迹和遗物。文物是当代人不能再建造、生产的。

文物是由特定时空的人创造的,不以后世人的意志为转移。每一件文物都包含着其所处时代的文化内涵和历史信息,这是后世人无法复制的,因为后世人无法制作出历史的"遗物"。至于人们出于某种需要,制作的文物复制品,即便其形状、大小,所用材料、色调、纹饰与文物基本相同,且制作技艺精湛,它也只是复制品,只能反映制作复制品时代的社会条件、技术水平及工艺。古建筑物的复建亦是如此。

关于文物不可再生的特性,郑振铎先生很早以前就深刻地指出:"文物一被毁失,便如人死不可复生一样,永远永远的不会再有原物出现,而那原物在文化上,在艺术上,在学术上却是那末重要,不仅是中国先民们的最崇高的成就,也是整个人类的光荣与喜悦所寄托。它们的失去,绝对不能以金钱来估值,也绝对不能以金钱来赔偿。"(见《郑振铎文博文集》第26页)

四、文物的不可替代性

文物具有时代性和不可再生性,所以文物也具有不可替代性。文物是历史文化遗产,是一定时代的产物,每一件文物或每一处文物,都有它自己在历史上的地位和作用,都具有自己所处时代的文化内涵和历史信息,彼此不能替代。

文物与某些自然资源一样,都具有不可再生性。两者的根本区别则是文物具有不可替代性。有些燃料具有不可再生性,但它是可被替代的,如某种燃料,甲地的开采、使用完了,可开采、使用乙地的,甚至可以用其他资源代替它。但文物没有可替代之物。不同历史时期制作或建造的文物,是产生它的那个时代的实物见证,它是独一无二的。毁坏一件或一处文物,就意味着永远少了一个历史符号。

五、文物价值的客观性

文物是历史文化遗产,具有历史、艺术和科学价值。即使是一件小小的文物,它也可能包含着政治、经济、军事、科技、艺术等方面的丰富信息。文物的价值是凝结在历史文化遗迹和遗物中的一般人类劳动,是人类智慧的结晶和历史发展、进步的标志。

文物的价值具有双重性,可分为有形价值和无形价值。文物既是有形的物质形体,又是有隐形的,即无形的文化或文明内涵的载体,即具有历史、艺术和科学价值。

文物的价值是客观存在的,但表达方式是主观的,如数据、图片、语言表述等。人们对文物价值的认识是不断深化的,人们对文物内涵的认识和认识文物的各种手段,既要靠知识的积累和深入研究,又要靠知识的更新和科技的进步。

在认识和评价文物价值的具体过程中,人们会受到科学文化知识、研究水平和科学技术发展水平的制约,因此对文物文化内涵和信息的揭示与对其价值的认识,不是一蹴而就的。随着研究的深入和科技的发展,人们对文物价值的认识也会不断深入,获得的历史信息也会不断增多,这需要一代又一代人的努力和坚持。

六、文物作用的永续性

文物是不同历史时期产生的物质文化遗存,是研究不同历史时期政治、经济、军事、科学技术、文化艺术等的实物史料。它是历史的见证,可以证实文献记载的历史;可以校正古籍记载之谬误,订正史传,纠正错讹;对于有文字记载的历史,可用于弥补文献记载的缺失。文物是研究历史及专门史的重要实物史料,对史学的研究,特别是对重建上古史有着特殊、重要的价值和作用。

人类社会的发展,科学技术和文化艺术的发展、进步,都需要借鉴历史,而文物则是最好的实物教材。文物是一种文化载体,同时也是一种精神文明的表现。它作为历史的实物见证,具有很强的说服力;它以具体、形象、生动的物质形态展现在人们面前,具有极强的感染力。这是任何其他教育手段所不具备的。因此,文物对研究者和大众,对一代又一代人,对民族和国家以至于全人类,对已往的历史和未来,都将发挥永续作用。

第三节　文物的价值

要想了解文物的价值，首先要弄清什么是"价值"。在日常生活中，"价值"通常指某一事物的用途，或能产生的积极作用。我们也可以说，价值是人们用以衡量事物有无用途，能否产生积极作用的标准。

人们对某一事物的评价，受多方面因素的影响，除立场、观点、方法之外，文化、科学、艺术等修养也是重要因素。而人的价值观念，影响、调节着人的行为。具体到文物方面，人们对文物价值的认识，也影响着人们对文物保护和利用的行为。

人们在运用"价值"观念研究历史上遗留下来的遗迹、遗物时，对某种遗迹、某件遗物有无用途，或能否产生积极作用，往往有各种看法，有些看法甚至截然相反。出现这种情况并不奇怪，这是由多种因素造成的，尤其是人的价值取向不同。

确定历史文化遗迹和遗物有无用途，或能否产生积极作用，需要文物工作者研究确定——首先要明确它有无价值，其次要研究它的价值高低和作用大小。

要确定文物有无价值，就要把文物放到创造它的那个时代分析、研究。文物被创造于特定的历史时期，被打上了时代的烙印。从这一点出发，可以说，历史上遗留下来的文化遗迹和遗物都具有历史价值，这种价值也是文物最重要的价值。

需要注意的是，后世的复制品或仿制品不能体现文物本身的历史价值。比如晋代王羲之写了《兰亭序》，此书法作品的下落成谜。但历代书法大家创作了不少相关作品，比如唐代冯承素临摹了《兰亭序》真迹。但即使冯承素的作品再精妙，他的临摹作品蕴含着的是唐代的信息，而不具有晋代王羲之所作《兰亭序》的历史价值。

在历史长河中，人类制造的生产工具、生活用具、武器、艺术品等，数不胜数。当然，这数量庞大的物品，随着社会的发展、自然的变化，绝大多数湮没了，留存下来的只是其中极小的一部分。按照常规，越古老的文化遗迹、遗物，能保留下来的就越少。

比如，中国古代建筑多为木结构建筑，至今保存下来的最早的是唐代建筑，而且数量极其稀少，以山西五台山南禅寺大殿、佛光寺大殿为代表。至今保存下来的宋代和辽代的木结构建筑就比唐代多。宋代的如河北正定隆兴寺、山西芮城城隍庙、浙江宁波保国寺大殿和广州光孝寺六祖殿等。辽代的如河北涞源阁院寺和高碑店开善寺、天津蓟县（今蓟州区）独乐寺、山西应县佛宫寺释迦塔（木塔）等。至于保存至今的明清木结构建筑，特别是清代末期的木结构建筑，则不可胜数了。物以稀为贵，年代早，数量少的文物，无论其规模、工艺如何，都要很好地保存，因为它是说明建造它的那个时代的某些问题的少有的实物例证。如上面所列举的唐、宋、辽时期的木结构建筑，其本身的科学、艺术价值就很高，留存不多，需要妥善保存。时代晚，保存的文化遗迹、遗物多，就要从中选择具有时代特点、风格独特，具有代表性、典型性的物品，作为文物，对其保护和研究。

一般来说，文物应当具备历史、艺术、科学价值。但就某处遗迹、某件遗物而言，它不一定同时具备三种价值。文物并不一定完整具备上述三种价值，但一种价值都不具备的一定不是文物。

在这三种价值中，文物一定具有历史价值。艺术价值与科学价值不能脱离历史价值而独立存在。

一、文物的历史价值

在文物所具有的历史、艺术、科学价值中，历史价值是首要的。

如上文所说，历史遗迹和遗物都是一定时代的产物。地球上自有人类以来，所有的人类活动都是社会活动，任何历史遗迹和遗物都是一定历史时期人类社会活动的产物。因此，它们无不被打上时代的烙印，蕴含着关于当时社会的诸多信息。我们一般所说的文物的时代特点，基本上是时代性和时代内容在文化遗迹、遗物上的统一。

比如，青铜器在商周时期的政治、经济生活中占有重要的位置。之后，铁器、瓷器的发展，使得青铜器从兵器、生活用具等领域逐渐退出。青铜器的产生、发展、退出过程，蕴含着丰富的历史信息，体现了政治、经济、文化领域的发展变化。即使在商周时期，青铜器的制作工艺、风格、纹饰也在不断变化，而引发这种变化的深层原因，则是政治、经济、文化，以及相关制度的发展变化。

可见，历史遗迹、遗物是某个时代的人类社会活动的文化遗存，是由创造、制作它的那个时代的一定人群，根据当时的政治、经济、军事、文化等需要，运用当时所能得到的材料和掌握的技术，创造、制作出来的。因此，它能从不同侧面反映当时社会的政治、经济、军事、科学技术、文化艺术、宗教信仰、风俗习惯，等等。正因为文物具有历史价值，所以它能帮助人们具体、形象地认识历史，帮助人们了解历史的本来面貌。

二、文物的艺术价值

文物的艺术价值十分丰富，主要有审美价值、欣赏价值、愉悦价值、借鉴价值、美术史料价值等，它们之间既相互渗透，又相互制约。

审美价值，主要是从美学的层次给人以艺术启迪和美的享受。欣赏价值，主要是从观赏角度给人以精神作用，陶冶人的情操。愉悦价值，主要是给人以娱乐、消遣。借鉴价值，主要是借鉴文物的表现形式、手法技巧等，激发创新的灵感；美术史料价值，是指文物是研究美术史的珍贵实物资料。

在文物中，具有艺术价值的文化遗迹和遗物或者不可移动文物和可移动文物，从总的来说，主要分为三大类。

第一类是实用的遗迹和遗物。当时建造、制作这类物品的目的是便利人们的生产生活。如建造一座皇宫,其目的为最高统治者提供行使权力和生活起居的场所。在建筑时,建筑师等必然要对布局、形式、材料、装饰等各个方面加以处理,所建皇宫既要体现统治者的威严,又要有视觉上的美感。所以对于建筑师而言,他们要具备扎实的工程知识和良好的艺术素养。除此之外,古代的生活用具,诸如商周青铜器、唐宋以后的陶瓷用品等,它们的造型、纹饰等,都具有艺术价值。

第二类是作为美术品、工艺品等创作的艺术品。这类艺术品流传至今,成为文物。它们品种繁多:如书画方面,有人物、宫室、山水、花鸟、墨竹及禽兽等绘画作品;有篆、隶、正、行、草等书法艺术品。如雕塑方面,以质地而论,即有泥塑、陶塑、瓷塑、铜塑等。雕刻方面,以质地而论,有骨雕、牙雕、石雕、玉雕、竹雕、木雕等。此类文物的艺术价值很高,艺术内涵丰富。许多物品在当时即为陈列品,供人们欣赏,遗留至今,具有丰富的欣赏价值和借鉴价值。

第三类是专为死者随葬而制作的一些器物。这些器物主要是人、家畜、家禽、鸟兽形象的器物,以及车船、建筑物等模型,还有仿礼器、生活器皿的器物。前者本身就是雕塑艺术品,后者从造型、纹饰等方面来看,具有艺术价值。如从秦汉至宋代,墓葬中经常发现陶俑、瓷俑,比较典型的即秦始皇陵兵马俑。除此之外,还有战国时期的银首人俑铜灯、汉代说书俑、西晋青瓷对书俑,等等,它们都是非常珍贵的雕塑艺术品。

三、文物的科学价值

科学价值主要包括知识、科学、技术内涵。历史遗迹和遗物从不同的角度反映了它们那个时代的科学技术水平和生产力水平,展现了那个时代的社会经济、军事、文化状况。可以说,古代各种文化遗迹、遗物本身,都蕴含着产生它的那个时代的科学技术信息比如,在旧石器时代生产力水平较为低下的情况下,人们能制作石器,却无法制作瓷器。

除反映文物被创造时代的科学技术水平之外,文物的科学价值还体现在它可以为今天的科学技术研究提供借鉴。比如,古建筑在结构、造型、选址、生态保护、灾害防御等方面,都凝结着古人的智慧,虽然过去了千百年,但这些智慧仍能在今天继续发挥作用。这方面的典型代表有四川的都江堰。

第四节　文物的所有权

文物所有权是一种物权。

所有权是由所有制形式决定的,是一定历史时期所有制形式在法律上的体现。因此,按照民法体系的理论规范,所有权法律关系的构成包括主体(所有人)、客体(物)和内容(占有、使用、收益、处分)三要素。其中所有权的权利主体是特定的,也就是说,所有权属于特定的所有人。文物所有权作为一种物权,确认和保护的是现代社会中国家和人们对文物的占有关系。

一、我国关于文物所有权的规定

我国文物所有权主体(即所有人)是国家,或者集体,或者公民个人。所有权客体的物,是所有人可以支配的,具有历史、艺术和科学价值的文物,即有形文化遗产。所有权内容主要是所有人对文物行使的占有、使用、收益、处分等权能。

我国所有权的形式是由我国所有权基本制度决定的。《文物保护法》对我国文物所有权做出确认,并对保护文物所有权做出了规定。我国文物所有权有三种形式:即国家所有、集体所有和公民个人所有。文物所有权问题，是文物工作的基本问题，依法保护文物所有权是文物工作的基本原则。

（一）国家所有的文物

我国文物国家所有，是最主要的、最基本的文物所有权形式。国家所有的文物范围极广，包括我国境内地下、内水和领海中遗存的一切文物，即地下文物和水下文物；古文化遗址、古墓葬、石窟寺，以及国家指定的纪念建筑物、古建筑、石刻、壁画、近代现代代表性建筑等；国家机关、部队、国有企业、事业组织等收藏、保管的文物和出土文物等。《文物保护法》第五条规定："国有文物所有权受法律保护，不容侵犯。"

1.国有不可移动文物

《文物保护法》对国家所有的文物做出了明确确认，《文物保护法》第五条规定如下。

中华人民共和国境内地下、内水和领海中遗存的一切文物，属于国家所有。

古文化遗址、古墓葬、石窟寺属于国家所有。国家指定保护的纪念建筑物、古建筑、石刻、壁画、近代现代代表性建筑等不可移动文物，除国家另有规定的以外，属于国家所有。

国有不可移动文物的所有权不因其所依附的土地所有权或者使用权的改变而改变。

下列可移动文物，属于国家所有：

（一）中国境内出土的文物，国家另有规定的除外；

（二）国有文物收藏单位以及其他国家机关、部队和国有企业、事业组织等收藏、保管的文物；

（三）国家征集、购买的文物；

（四）公民、法人和其他组织捐赠给国家的文物；

（五）法律规定属于国家所有的其他文物。

属于国家所有的可移动文物的所有权不因其保管、收藏单位的终止或者变更而改变。

国有文物所有权受法律保护，不容侵犯。

国家所有的不可移动文物所有权的取得，主要为原始取得，也有的为继受取得。文物所有权的原始取得，是由于一定的法律事实，法律确定文物所有权法律关系的最初发生，不是所有权主体即所有人的变更或取代，因此，不以他人的权力为前提或依据。上述《文物保护法》规定的我国境内地下、内水、领海中遗存的一切文物和古文化遗址、古墓葬、石窟寺等，属于国家所有，是法律规定的国家所有文物所有权原始取得的重要形式。国家所有的不可移动文物中，也有的是继受取得。如一处古民居或纪念建筑物，基于一定的法律事实，导致所有权主体变更，新的所有人（国家）继原所有人（集体或个人）而取得该处古民居或纪念建筑物的所有权。

国家所有的不可移动文物的所有权，有其独特的法律特性。《文物保护法》第五条规定："国有不可移动文物的所有权不因其所依附的土地所有权或者使用权的改变而改变。"这一规定，保证了国有不可移动文物所有权不受侵犯。就土地的使用权而言，无论是由法人改变为自然人使用，还是由国有法人单位改变为集体所有法人单位使用，或者由外资企业法人单位使用等，这些都是依法获得了对国有土地或集体所有土地的使用权，对依附于这些土地上的国有不可移动文物的所有权来说，并没有改变，它们仍属于国家。

在现代中国，土地所有权和使用权的改变是经常发生的。《文物保护法》第五条的规定，在当前和今后的社会发展中，有着极其重要的现实意义和深远的历史意义。它不仅能保证国有重要历史文化遗产所有权不受侵犯，而且也有利于保护这些国有不可移动文物的安全。

为了保障国有不可移动文物所有权不受侵犯,《文物保护法》在第二章不可移动文物和第三章考古发掘中,做出了明确规定。对侵犯国有不可移动文物所有权行为和违反保护管理规定的,在第七章规定了应承担的法律责任。

2.国有可移动文物

可移动文物有历代重要实物、艺术品、文献、手稿、图书资料、代表性实物等。

《文物保护法》第五条规定不仅明确了国有可移动文物的组成部分,确认了其合法的来源,同时也为国有可移动文物所有权不受侵犯,提供了法律保障。

根据《文物保护法》,国有可移动文物的组成和来源之一是"中国境内出土的文物",其中有考古发掘出土的,也有在建设工程和生产劳动中发现的。出土文物属国家所有,不论近代和现代都有规定。1930年国民政府公布的《古物保存法》第七条明确规定:"埋藏地下及由地下暴露地面之古物概归国有。"在1950年中央人民政府政务院颁发的《古文化遗址及古墓葬之调查发掘暂行办法》中明确规定:"凡地下埋藏及发掘所得之古物、标本概为国有。"1961年国务院颁布的新中国第一个综合性文物行政法规《文物保护管理暂行条例》中明确规定:"一切现在地下遗存的文物,都属于国家所有。"

为了确保在建设工程或农业生产等活动中发现的文物不致破坏、流失,由国家收藏、保管。《文物保护法》第三十二条规定:"在进行建设工程或者在农业生产中,任何单位或者个人发现文物,应当保护现场,立即报告当地文物行政部门。""依照前款规定发现的文物属于国家所有,任何单位或者个人不得哄抢、私分、藏匿。"

国有可移动文物的组成和来源之二,是国有文物收藏单位以及其他国家机关、部队和国有企业、事业组织等收藏、保管的文物。其中国家设立的博物馆、纪念馆、图书馆等是文物收藏单位,他们收藏的文物属于国家所有。其文物的具体来源有拨交、征集、购买、接受捐赠等。其他单位虽不是专门收藏文物的机构,但基于一定的法律事实,他们所取得并保管的文物属于国家所有,负有保管责任。

国有可移动文物的组成和来源之三，是征集、购买的文物。就国有博物馆、纪念馆等文物收藏单位而言，有些单位有文物征集、购买经费，用于征集、购买需要的文物。中央财政每年安排的文物保护专项补助经费中，就有文物征集费的项目，有一定数量的经费用于文物收藏单位的珍贵文物征集。凡用国家各级财政拨付的经费征集、购买的文物，其所有权已转移为国家所有。

国有可移动文物的组成和来源之四，是接受捐赠的文物。国有可移动文物的组成和来源之五，是"法律规定属于国家所有的其他文物"。关于这两点，笔者不再展开叙述。

除此之外，《文物保护法》第五十九条规定："银行、冶炼厂、造纸厂以及废旧物资回收单位，应当与当地文物行政部门共同负责拣选掺杂在金银器和废旧物资中的文物。拣选文物除供银行研究所必需的历史货币可以由人民银行留用外，应当移交当地文物行政部门。移交拣选文物，应当给予合理补偿。"再如，第七十九条规定："人民法院、人民检察院、公安机关、海关和工商行政管理部门依法没收的文物应当登记造册，妥善保管，结案后无偿移交文物行政部门，由文物行政部门指定的国有文物收藏单位收藏。"这些都属于国有可移动文物的来源、取得方式。

3. 国家所有文物所有权特征

国家所有文物是有形的文化遗产，是国家重要的文化财产，是社会主义国家财产的重要组成部分。《中华人民共和国民法典》（以下简称《民法典》）第二百五十八条规定："国家所有的财产受法律保护，禁止任何组织或者个人侵占、哄抢、私分、截留、破坏。"保护国家所有的文物是一切机关、部队、组织和公民的职责和应尽的义务。

国家所有文物，就其所有权性质而言，与集体所有文物和个人所有的文物相比，有其自身的特殊性，具有四个主要法律特征。

（1）所有权主体的唯一性

国家所有的不可移动文物和可移动文物属于全民所有，是全民的文化财产，只有中华人民共和国国家作为国家所有权的唯一主体，由中央人民政府代表国家。中央其他国家机关或地方国家机关，以及企业、事业组织等都不能作为国家所有文物所有权的主体，也不能同中央人民政府共同作为所有权的主体。

（2）所有权主体的统一性

国家所有的不可移动文物和可移动文物，是一个统一的整体，各级文物行政部门依法保护管理全国和一定行政区域内的国有文物，其所有权统一属于国家，即中央人民政府。《文物保护法》规定："国务院文物行政部门主管全国文物保护工作。""地方各级人民政府负责本行政区域内的文物保护工作。"在国务院统一领导下，国务院文物行政部门对全国文物保护工作实行管理、监督和指导。

（3）所有权客体的广泛性

《文物保护法》第五条规定了国家所有的文物，包括不可移动文物和可移动文物，从范围、种类和内容都充分表明了文物的广泛性。这是集体所有文物和私人所有文物所远远不可及的。

（4）受国家法律特殊保护

如前文所述，国家所有的文物和其他国家财产一样，受国家法律保护。遵照《宪法》规定的"社会主义的公共财产神圣不可侵犯"的原则，《民法典》对国家所有的文物（文化财产）实行特殊保护。

我国《民法典》对国家所有权实行特殊保护的规定，同样适用于国有文物的所有权。文物是有形文化财产，在国家所有的财产中，国有文物又是一种特殊的财产。《民法典》规定，违反国有财产管理规定，在企业改制、合并分立、关联交易等过程中，低价转让、合谋私分、擅自担保或者以其他方式造成国有财产损失的，应当依法承担法律责任。

（二）集体所有的文物

我国劳动群众集体所有权，是社会主义劳动群众集体所有制在法律上的体现。《民法典》第二百六十五条规定："集体所有的财产受法律保护，禁止任何组织或者个人侵占、哄抢、私分、破坏"集体所有的文物，是集体财产的一部分，受国家法律保护。集体所有的文物在《文物保护法》第五条规定："国家指定保护的纪念建筑物、古建筑、石刻、壁画、近代现代代表性建筑等不可移动文物，除国家另有规定的以外，属于国家所有。"换言之，国家对纪念建筑物、古建筑、石刻、近代现代代表性建筑等不可移动文物所有权，存在"另有规定"的情况。

就纪念建筑物而言，如在近代以来的长期革命斗争中，中国共产党领导机关、政府机关和军队领导机关，以及群众团体等，在不同时期、不同地区住过的房舍，其中许多在机关转移，或当地解放后，根据政策分配给了群众，有的属于集体所有。这些在特定的历史条件下形成的纪念建筑物，属于集体所有的，就成为集体所有的文物。

集体所有文物中的不可移动文物，有当地解放后归集体的祠堂、古民居，还有少数民族聚居村落的公共建筑物，如鼓楼等。

集体所有文物中的可移动文物，有集体组织依法购买的传世文物，如瓷器、书画等，或者依法购买的近代现代文物。集体所有的文物，其所有权的主体为法定的群众集体组织。在法律允许的范围内，有权独立自主地施行占有、使用、收益和处分的权利。其所有权受法律保护，任何个人和组织不得侵犯。但在行使权利时，只有集体组织的法人代表，才能代表集体组织行使全体成员授予他的并经法律确认的权力。法人代表行使权利时，必须遵守国家文物法律、法规的规定，接受文物行政部门的指导、监督，接受文物行政部门的管理，保护好该组织所有的文物。如在维修纪念建筑物或古建筑时，不得添改，要遵守不得改变文物原状的原则。

集体所有的文物所有权客体，不能包括国家所有的文物，如法律、法规没有明确规定纪念建筑物和古建筑等为集体所有或个人所有的，均为国家所有。因此，集体的文物所有权客体远远没有国家的文物所有权客体广泛。

（三）私人所有的文物

我国民间私人收藏文物有悠久的历史。在现代，民间公民个人收藏、保管的文物为私人所有。私人所有的文物既有不可移动文物，又有可移动文物。

《文物保护法》第六条规定："属于集体所有和私人所有的纪念建筑物、古建筑和祖传文物以及依法取得的其他文物，其所有权受法律保护。"私人所有的纪念建筑物，有名人故居或旧址，还有在我国近代特殊历史条件下形成的纪念建筑物等。古建筑有古民居——在我国各地的古民居中，有许多属于私人所有，有的所有者仍居住在里面。

私人所有的可移动文物，既有传世文物，又有从合法的文物购销经营单位购买的，或从具有拍卖文物资格的拍卖企业竞买的文物。其中，传世文物中有古器物，如铜器、瓷器、玉器、金银器等；有法书、绘画和碑帖；有古文献，如古籍善本及手稿等资料。

私人所有的文物，所有权受法律保护。《民法典》第二百零七条规定："国家、集体、私人的物权和其他权利人的物权受法律平等保护，任何组织或者个人不得侵犯。"

私人所有文物的主体是公民个人本身。凡一切公民，无论是否成年，是否具有行为能力，均具有公民个人的文物所有权主体的资格。文物的所有人，对其所有的文物依法享有占有、使用、收益和处分的权利。公民个人所有的文物受到侵犯，可向人民法院提起诉讼，请求保护、返还，如造成破坏，或者不能返还的，应当折价赔偿。

私人所有文物的所有人，在行使其所有权时，受到法律制约，必须在法律规定的范围内行使其权利。任何私人文物的所有人，不得借口拥有文物所有权，在行使其所有权时违反《文物保护法》的规定。

文物行政部门及有关部门在保护私人所有文物的所有权不受侵犯的同时，负有指导、监督私人文物所有人履行保护文物义务的职责。

二、国际社会关于文物所有权的规定

国际社会对保护人类文化遗产十分重视。为保护各国文化财产，防止非法进口、出口活动，保护文化财产所有权不受侵害，相关组织制定了一些公约。

（一）《关于禁止和防止非法进出口文化财产和非法转让其所有权的方法的公约》

联合国教科文组织大会第十六届会议于 1970 年 11 月 14 日在巴黎通过了《关于禁止和防止非法进出口文化财产和非法转让其所有权的方法的公约》。公约内容如下。

第一条 为了本公约的目的，"文化财产"一词系指每个国家，根据宗教的或世俗的理由，明确指定为具有重要考古、史前史、历史、文学、艺术或科学价值的财产并属于下列各类者：

1.动物群落、植物群落、矿物和解剖，以及具有古生物学意义的物品的稀有收集品和标本；

2.有关历史，包括科学、技术、军事及社会史、有关国家领袖、思想家、科学家、艺术家之生平以及有关国家重大事件的财产；

3.考古发掘（包括正常的和秘密的）或考古发现的成果；

4.业已肢解的艺术或历史古迹或考古遗址之构成部分；

5.一百年以前的古物，如铭文、钱币和印章；

6.具有人种学意义的文物；

7.有艺术价值的财产，如：

（1）全部是手工完成的图画、绘画和绘图，不论其装帧框座如何，也不论所用的是何种材料（不包括工业设计图及手工装饰的工业产品）；

（2）用任何材料制成的雕塑艺术和雕刻的原作；

（3）版画、印片和平版画的原件；

（4）用任何材料组集或拼集的艺术品原件；

8.稀有手稿和古版书籍，有特殊意义的（历史、艺术、科学、文学等）古书、文件和出版物，不论是单本的或整套的；

9.邮票、印花税票及类似的票证，不论是单张的或成套的；

10.档案，包括有声、照相和电影档案；

11.一百年以前的家具物品和古乐器。

第二条

1.本公约缔约国承认文化财产非法进出口和所有权非法转让是造成这类财产的原主国文化遗产枯竭的主要原因之一，并承认国际合作是保护各国文化财产免遭由此产生的各种危险的最有效方法之一。

2.为此目的，缔约国承担利用现有手段，特别是通过消除其根源、制止现有做法和帮助给予必要的补偿来反对这种做法。

第三条　本公约缔约国违反本公约所列的规定而造成的文化财产之进出口或所有权转让均属非法。

第四条　本公约缔约国承认，为了本公约的宗旨，凡属以下各类财产均为每个缔约国的文化遗产的一部分：

1.有关国家的国民的个人或集体天才所创造的文化财产和居住在该国领土境内的外国国民或无国籍人在该国领土内创造的对有关国家具有重要意义的文化财产；

2.在国家领土内发现的文化财产；

3.经此类财产原主国主管当局的同意，由考古学、人种学或自然科学团体所获得的文化财产；

4.经由自由达成协议实行交流的文化财产；

5.经此类财产原主国主管当局的同意，作为赠送品而接收的或合法购置的文化财产。

第五条　为确保保护文化财产免于非法进出口和所有权的非法转让，本公约缔约国承担若尚未设立保护文化遗产的国家机构，可根据本国的情况，在其领土之内建立一个或一个以上的国家机构，配备足够人数的合格工作人员，以有效地先例下述职责：

1.协助制订旨在切实保护文化遗产特别是防止重要文化财产的非法进出口和非法转让的法律和规章草案；

2.根据全国受保护财产清册，制订并不断更新一份其出口将造成文化遗产的严重枯竭的重要的公共及私有文化财产的清单；

3.促进发展或成立为保证文化财产的保存和展出所需之科学及技术机构（博物馆、图书馆、档案馆、实验室、工作室……）；

4.组织对考古发掘的监督，确保在原地保存某些文化财产，并保护某些地区，供今后考古研究之用；

5.为有关各方面（博物馆长、收藏家、古董商等）的利益，制订符合于本公约所规定道德原则的规章；并采取措施保证遵守这些规章；

6.采取教育措施，鼓励并提高对各国文化遗产的尊重，并传播关于本公约规定的知识；

7.注意对任何种类的文化财产的失踪进行适当宣传。

第六条　本公约缔约国承担：

1.发放适当证件，出口国将在该证件中说明有关文化财产的出口已经过批准。根据规定出口的各种文化财产，均须附有此种证件；

2.除非附有上述出口证件,禁止文化财产从本国领土出口;

3.通过适当方法宣传这种禁止,特别要在可能出口或进口文化财产的人们中间进行宣传。

第七条 本公约缔约国承担:

1.采取与本国立法相一致的必要措施防止本国领土内的博物馆及类似机构获取来源于另一缔约国并于本公约在有关国家生效后非法出口的文化财产。本公约对两国均已生效后,尽可能随时把自两国中的原主缔约国非法运出文化财产的建议通知该原主缔约国。

2.

(1)本公约对有关国家生效后,禁止进口从本公约另一缔约国的博物馆或宗教的或世俗的公共纪念馆或类似机构中窃取的文化财产,如果该项财产业已用文件形式列入该机构的财产清册;

(2)本公约对有关两个国家生效后,根据两国中的原主缔约国的要求,采取适当措施收回并归还进口的此类文化财产,但要求国须向不知情的买主或对该财产具有合法权利者给予公平的赔偿。要求收回和归还失物必须通过外交部门进行,提出要求一方应提供使确定其收回或归还失物的要求的必要文件及其他证据,费用自理。各方不得对遵照本条规定而归还的文化财产征收关税或其他费用。归还和运送文化财产过程中所需的一切费用均由提出要求一方负担。

第八条 本公约缔约国承担对触犯上述第六条(2)和第七条(2)所列的禁止规定负有责任者予以惩处或行政制裁。

第九条 本公约的任一缔约国在其文化遗产由于考古或人种学的材料遭受掠夺而处境危殆时得向蒙受影响的其他缔约国发出呼吁。在此情况下,本公约缔约国承担参与协调一致的国际努力，以确定并实施必要的具体措施，包括对有关的特定物资的进出口及国际贸易实行管制。在尚未达成协议之前，有关各国应在可能范围内采取临时性措施，以便制止对提出要求的国家的文化遗产造成不可弥补的损失。

第十条 本公约缔约国承担：

1.通过教育、情报和防范手段，限制非法从本公约缔约国运出的文化财产的移动，并视各国情况，责成古董商保持一份记录，载明每项文化财产的来源、提供者的姓名与住址以及每项售出的物品的名称与价格，并须把此类财产可能禁止出口的情况告知该项文化财产的购买人，违者须受刑事或行政制裁。

2.努力通过教育手段，使公众心目中认识到，并进一步理解文化财产的价值和偷盗、秘密发掘与非法出口对文化财产造成的威胁。

第十一条 一个国家直接或间接地由于被他国占领而被迫出口文化财产或转让其所有权应被视为非法。

第十二条 本公约缔约国应尊重由其负责国际关系的领土内的文化财产，并应采取一切适当措施禁止并防止在这些领土内非法进出口文化财产和非法转让其所有权。

第十三条 本公约缔约国还应在符合其本国法律的情况下承担：

1.通过一切适当手段防止可能引起文化财产的非法进出口的这一类财产的所有权转让；

2.保证本国的主管机关进行合作，使非法出口的文化财产尽早归还其合法所有者；

3.受理合法所有者或其代表提出的关于找回失落的或失窃的文化财产的诉讼；

4. 承认本公约缔约国有不可取消的权利规定并宣布某些文化财产是不能让与的,因而据此也不能出口,若此类财产已经出口务须促使这类财产归还给有关国家。

第十四条 为防止非法出口、履行本公约所规定的义务,本公约各缔约国应在可能范围内为其负责保护文化遗产的国家机关提供足够的预算并在必要时为此目的设立一项基金。

第十五条 在本公约对有关国家生效前,本公约之任何规定不应妨碍缔约国之间自行缔结有关归还从其原主国领土上不论以何种理由搬走之文化财产的特别协定,或制止它们继续执行业已缔结的有关协定。

第十六条 本公约缔约国应在向联合国教育、科学及文化组织大会提交的定期报告中,提供它们已经通过的立法和行政规定和它们为实施本公约所采取的其他行动以及在此领域内取得的详尽经验的资料,报告的日期及方式由大会决定。

第十七条

1. 本公约缔约国可以向联合国教育、科学及文化组织请求给予技术援助,特别是有关:

（1）情报和教育；

（2）咨询和专家建议；

（3）协调和斡旋。

2. 联合国教育、科学及文化组织可以主动进行有关非法转移文化财产问题的研究并出版研究报告。

3. 为此,联合国教育、科学及文化组织可以请求任何非政府的主管组织予以合作。

4.联合国教育、科学及文化组织可以主动向本公约缔约国提出有关本公约的实施的建议。

5.经对本公约的实施有争议的两个以上的本公约缔约国的请求,联合国教科文组织得进行斡旋,使它们之间的争端得到解决。

第十八条　本公约以英文、法文、俄文和西班牙文制定,四种文本具有同等效力。

第十九条

1.本公约须经联合国教育、科学及文化组织会员国按各国宪法程序批准或接受。

2.批准书或接受书,应交存联合国教育、科学及文化组织总干事。

第二十条

1.本公约应开放给非联合国教育、科学及文化组织成员但经本组织执行局邀请加入本公约的所有国家加入。

2.加入书交存联合国教育、科学及文化组织总干事后,加入即行生效。

第二十一条　本公约在收到第三份批准书、接受书或加入书后的三个月开始生效,但这只对那些在该日或该日之前业已交存其各自的批准书、接受书或加入书的国有生效。对于任何其他国家,本公约则在其批准书、接受书或加入书交存后三个月开始生效。

第二十二条　本公约缔约国承认,本公约不仅适用于其本国领土,而且也适用于在国际关系上由其负责的一切领土:如有必要,缔约国须在批准、接受或加入之时或以前与这些领土的政府或其他主管当局进行磋商,以便保证本公约在这些领土的适用,并将本公约适用的领土通知联合国教育、科学及文化组织总干事,该通知在收到之日起三个月生效。

第二十三条

1.本公约之每一缔约国可以代表本国或代表由其负责国际关系的任何领土退出本公约。

2.退约须以书面文件通知,该退约书交存联合国教育、科学及文化组织总干事处。

3.退约在收到退约通知书后十二个月生效。

第二十四条 联合国教育、科学及文化组织总干事须将第十九条和二十条中规定的有关批准书、接受书和加入书的交存情况以及第二十二条和第二十三条分别规定的通知和退约告知本组织会员国、第二十条中所述的非本组织会员的国家以及联合国。

第二十五条

1.本公约可经联合国教育、科学及文化组织大会予以修正。任何这样的修正只对修正公约的缔约国具有约束力。

2.如大会通过一项全面或部分地修订本公约的新公约,则除非新公约另有规定,本公约在新的修订公约生效之日起停止一切批准、接受或加入。

第二十六条 经联合国教育、科学及文化组织总干事的要求,本公约应按照《联合国宪章》第一百零二条的规定在联合国秘书处登记。

1989 年,中国加入《关于禁止和防止非法进出口文化财产和非法转让其所有权的方法的公约》。

(二)《保护世界文化和自然遗产公约》

联合国教科文组织大会第十七届会议于 1972 年 11 月 16 日在巴黎通过了《保护世界文化和自然遗产公约》。公约内容如下。

Ⅰ 文化和自然遗产的定义

第一条 在本公约中,以下各项为"文化遗产":

文物:从历史、艺术或科学角度看具有突出的普遍价值的建筑物、碑雕和碑画、具有考古性质成分或结构、铭文、窟洞以及联合体;

建筑群:从历史、艺术或科学角度看,在建筑式样、分布均匀或与环境景色结合方面,具有突出的普遍价值的单立或连接的建筑群;

遗址:从历史、审美、人种学成人类学角度看具有突出普遍价值的人类工程或自然与人联合工程以及考古地址等地方。

第二条 在本公约中,以下各项为"自然遗产":

从审美或科学角度看具有突出的普遍价值的由物质和生物结构或这类结构群组成的自然面貌;

从科学或保护角度看具有突出的普遍价值的地质和自然地理结构以及明确划为受威胁的动物和植物生境区;

从科学、保护或自然美角度看具有突出的普遍价值的天然名胜或明确划分的自然区域。

第三条 本公约缔约国均可自行确定和划分上面第一条和第二条中提及的、本国领土内的文化和自然财产。

Ⅱ 文化和自然遗产的国家保护和国际保护

第四条 本公约缔约国均承认,保证第一条和第二条中提及的、本国领土内的文化和自然遗产的确定、保护、保存、展出和遗传后代,主要是有关国家的责任。该国将为此目的竭尽全力,最大限度地利用本国资源,必要时利用所能获得的国际援助和合作,特别是财政、艺术、科学及技术方面的援助和合作。

第五条 为保证、保护、保存和展出本国领土内的文化和自然遗产采取积极有效的措施，本公约各缔约国应视本国具体情况尽力做到以下几点：

1.通过一项旨在使文化和自然遗产在社会生活中起一定作用并把遗产保护工作纳入全面规划计划的总政策；

2.如本国内尚未建立负责文化和自然遗产的保护、保存和展出的机构，则建立一个或几个此类机构，配备适当的工作人员和为履行其职能所需的手段；

3.发展科学和技术研究，并制订出能够抵抗威胁本国文化或自然遗产的危险的实际方法；

4.采取为确定、保护、保存、展出和恢复这类遗产所需的适当的法律、科学、技术、行政和财政措施；

5.促进建立或发展有关保护、保存和展出文化和自然遗产的国家或地区培训中心，并鼓励这方面的科学研究。

第六条

1.本公约缔约国，在充分尊重第一条和第二条中提及的文化和自然遗产的所在国的主权，并不使国家立法规定的财产权受到损害的同时，承认这类遗产是世界遗产的一部分，因此，整个国际社会有责任合作予以保护。

2.缔约国根据本公约的规定，应有关国家的要求，帮助该国确定、保护、保存和展出第十一条第二和四段中提及的文化和自然遗产。

3.本公约各缔约国不得故意采取任何可能直接或间接损害本公约其他缔约国领土内的、第一条和第二条中提及的文化和自然遗产的措施。

第七条 在本公约中,世界文化和自然遗产的国际保护应被理解为建立一个旨在支持本公约缔约国保存和确定这类遗产的努力的国际合作和援助系统。

Ⅲ 保护世界文化和自然遗产政府间委员会

第八条

1.在联合国教科文组织内，现建立一个保护具有突出的普遍价值的文化和自然遗产政府间委员会，称为"世界遗产委员会"。委员会由联合国教科文组织大会常会期间召集的本公约缔约国大会选出的15个缔约国组成。委员会成员国的数目将在至少40个缔约国实施本公约之后的大会常会之日起增至21个。

2.委员会委员的选举须保证均衡地代表世界的不同地区和不同文化。

3.国际文物保护与修复研究中心（罗马中心）的一名代表、国际古迹遗址理事会的一名代表以及国际自然及自然资源保护联盟的一名代表可以咨询者身份出席委员会的会议，此外，应联合国教科文组织大会常会期间举行大会的本公约缔约国提出的要求，其他具有类似目标的政府间或非政府组织的代表亦可以咨询者身份出席委员会的会议。

第九条

1.世界遗产委员会成员国的任期自当选之应届大会常会结束时起至应届大会后第三次常会闭幕时止。

2.但是，第一次选举时指定的委员中，有三分之一的委员的任期应于当选之应届大会后第一次常会闭幕时截止；同时指定的委员中，另有三分之一的委员的任期应于当选之应届大会后第二次常会闭幕时截止。这些委员由联合国教科文组织大会主席在第一次选举后抽签决定。

3.委员会成员国应选派在文化或自然遗产方面有资历的人员担任代表。

第十条

1.世界遗产委员会应通过其议事规则。

2.委员会可随时邀请公共或私立组织或个人参加其会议，以就具体问题进行磋商。

3.委员会可设立它认为为履行其职能所需的咨询机构。

第十一条

1.本公约各缔约国应尽力向世界遗产委员会递交一份关于本国领土内适于列入本条第2段所述《世界遗产目录》的、组成文化和自然遗产的财产的清单。这份清单不应看作是齐全的，它应包括有关财产的所在地及其意义的文献资料。

2.根据缔约国按照第1段规定递交的清单，委员会应制订、更新和出版一份《世界遗产目录》，其中所列的均为本公约第一条和第二条确定的文化遗产和自然遗产的组成部分，也是委员会按照自己制订的标准认为是具有突出的普遍价值的财产。一份最新目录应至少每两年分发一次。

3.把一项财产列入《世界遗产目录》需征得有关国家同意。当几个国家对某一领土的主权或管辖权均提出要求时，将该领土内的一项财产列入《目录》不得损害争端各方的权利。

4.委员会应在必要时制订、更新和出版一份《处于危险的世界遗产目录》，其中所列财产均为载于《世界遗产目录》之中、需要采取重大活动加以保护并为根据本公约要求给予援助的财产。《处于危险的世界遗产目录》应载有这类活动的费用概算，并只可包括文化和自然遗产中受到下述严重的特殊危险威胁的财产，这些危险是：蜕变加剧、大规模公共或私人工程、城市或旅游业迅速发展计划造成的消失威胁；土地的使用变动或易主造成的破坏；未知原因造成的重大变化；随意摈弃；武装冲突的爆发或威胁；灾害和灾变；严重火灾、地震、山崩；火山爆发；水位变动；洪水和海啸等。委员会在紧急需要时可随时在《处于危险的世界遗产目录》中增列新的条目并立即予以发表。

5.委员会应确定属于文化或自然遗产的财产可被列入本条第2和4段中提及的目录所依据的标准。

6.委员会在拒绝一项要求列入本条第2和4段中提及的目录之一的申请之前，应与有关文化或自然财产所在缔约国磋商。

7.委员会经与有关国家商定，应协调和鼓励为拟订本条第2和4段中提及的目录所需进行的研究。

第十二条 未被列入第十一条第2和4段提及的两个目录的属于文化或自然遗产的财产，绝非意味着在列入这些目录的目的之外的其他领域不具有突出的普遍价值。

第十三条

1.世界遗产委员会应接收并研究本公约缔约国就已经列入或可能适于列入第十一条第2和4段中提及的目录的本国领土内成为文化或自然遗产的财产要求国际援助而递交的申请。这种申请的目的可能是保证这类财产得到保护、保存、展出或恢复。

2.本条第1段中提及的国际援助申请还可能涉及鉴定哪些财产属于第一和二条所确定的文化或自然遗产，当初步调查表明此项调查值得进行下去。

3.委员会应就对这些申请所需采取的行动作出决定，必要时应确定其援助的性质和程度，并授权以它的名义与有关政府作出必要的安排。

4.委员会应制订其活动的优先顺序并在进行这项工作时应考虑到需予保护的财产对世界文化和自然遗产各具的重要性、对最能代表一种自然环境或世界各国人民的才华和历史的财产给予国际援助的必要性、所需开展工作的迫切性、拥有受到威胁的财产的国家现有的资源特别是这些国家利用本国资源保护这类财产的能力大小。

5.委员会应制订、更新和发表已给予国际援助的财产目录。

6.委员会应就本公约第十五条下设立的基金的资金使用问题作出决定。委员会应设法增加这类资金，并为此目的采取一切有益的措施。

7.委员会应与拥有与本公约目标相似的目标的国际和国家级政府组织和非政府组织合作。委员会为实施其计划和项目，可约请这类组织，特别是国际文物保护与修复研究中心（罗马中心）、国际古迹遗址理事会和国际自然及自然资源保护联盟并可约请公共和私立机构与个人。

8.委员会的决定应经出席及参加表决的委员的三分之二多数通过。委员会委员的多数构成法定人数。

第十四条

1.世界遗产委员会应由联合国教科文组织总干事任命组成的一个秘书处协助工作。

2.联合国教科文组织总干事应尽可能充分利用国际文物保护与修复研究中心（罗马中心）、国际古迹遗址理事会和国际自然及自然资源保护联盟在各自职权范围内提供的服务，以为委员会准备文件资料，制订委员会会议议程，并负责执行委员会的决定。

Ⅳ 保护世界文化和自然遗产基金

第十五条

1.现设立一项保护具有突出的普遍价值的世界文化和自然遗产基金，称为"世界遗产基金"。

2.根据联合国教科文组织《财务条例》的规定，此项基金应构成一项信托基金。

3.基金的资金来源应包括：

（1）本公约缔约国义务捐款和自愿捐款；

（2）下列方面可能提供的捐款、赠款和遗赠：

（ⅰ）其他国家；

（ⅱ）联合国教科文组织、联合国系统的其他组织(特别是联合国开发计划署)或其他政府间组织；

（ⅲ）公共或私立机构或个人；

（3）基金款项所得利息；

（4）募捐的资金和为本基金组织的活动的所得收入；

（5）世界遗产委员会拟订的基金条例所认可的所有其他资金。

4.对基金的捐款和向委员会提供的其他形式的援助只能用于委员会限定的目的。委员会可接受仅用于某个计划或项目的捐款，但以委员会业已决定实施该计划或项目为条件，对基金的捐款不得带有政治条件。

第十六条

1.在不影响任何自愿补充捐款的情况下，本公约缔约国每两年定期向世界遗产基金纳款，本公约缔约国大会应在联合国教科文组织大会届会期间开会确定适用于所有缔约国的一个统一的纳款额百分比，缔约国大会关于此问题的决定，需由未作本条第2段中所述声明的、出席及参加表决的缔约国的多数通过。本公约缔约国的义务纳款在任何情况下都不得超过对联合国教科文组织正常预算纳款的百分之一。

2.然而，本公约第三十一条或第三十二条中提及的国家均可在交存批准书、接受书或加入书时声明不受本条第1段规定的约束。

3.已作本条第2段中所述声明的本公约缔约国可随时通过通知联合国教科文组织总干事收回所作声明，然而，收回声明之举在紧接的一届本公约缔约国大会之日以前不得影响该国的义务纳款。

4.为使委员会得以有效地规划其活动，已作本条第2段中所述声明的本公约缔约国应至少每两年定期纳款,纳款不得少于它们如受本条第 1 段规定约束所须交纳的款额。

5.凡拖延交付当年和前一日历年的义务纳款或自愿捐款的本公约缔约国不能当选为世界遗产委员会成员,但此项规定不适用于第一次选举。属于上述情况但已当选委员会成员的缔约国的任期应在本公约第八条第 1 段规定的选举之时截止。

第十七条　本公约缔约国应考虑或鼓励设立旨在为保护本公约第一和二条中所确定的文化和自然遗产募捐的国家、公共及私立基金会或协会。

第十八条　本公约缔约国应对在联合国教科文组织赞助下为世界遗产基金所组织的国际募款运动给予援助。它们应为第十五条第 3 段中提及的机构为此目的所进行的募款活动提供便利。

V　国际援助的条件和安排

第十九条　凡本公约缔约国均可要求对本国领土内组成具有突出的普遍价值的文化或自然遗产之财产给予国际援助。它在递交申请时还应按照第二十一条规定所拥有的有助于委员会作出决定的文件资料。

第二十条　除第十三条第 2 段、第二十二条(3)分段和第二十三条所述情况外,本公约规定提供的国际援助仅限于世界遗产委员会业已决定或可能决定列入第十一条第 2 和 4 段中所述目录的文化和自然遗产的财产。

第二十一条

1.世界遗产委员会应制订对向它提交的国际援助申请的审议程序,并应确定申请应包括的内容,即打算开展的活动、必要的工程、工程的预计费用和紧急程度以及申请国的资源不能满足所有开支的原因所在。这类申请须尽可能附有专家报告。

2.对因遭受灾难或自然灾害而提出的申请,由于可能需要开展紧急工作,委员会应立即给予优先审议,委员会应掌握一笔应急储备金。

3.委员会在作出决定之前,应进行它认为必要的研究和磋商。

第二十二条　世界遗产委员会提供的援助可采取下述形式:

1.研究在保护、保存、展出和恢复本公约第十一条第2和4段所确定的文化和自然遗产方面所产生的艺术、科学和技术性问题;

2.提供专家、技术人员和熟练工人,以保证正确地进行已批准的工作;

3.在各级培训文化和自然遗产的鉴定、保护、保存、展出和恢复方面的工作人员和专家;

4.提供有关国家不具备或无法获得的设备:

5.提供可长期偿还的低息或无息贷款。

6.在例外和特殊情况下提供无偿补助金。

第二十三条　世界遗产委员会还可向培训文化和自然遗产的鉴定、保护、保存、展出和恢复方面的各级工作人员和专家的国家或地区中心提供国际援助。

第二十四条　在提供大规模的国际援助之前,应先进行周密的科学、经济和技术研究。这些研究应考虑采用保护、保存、展出和恢复自然和文化遗产方面最先进的技术,并应与本公约的目标相一致。这些研究还应探讨合理利用有关国家现有资源的手段。

第二十五条　原则上,国际社会只担负必要工程的部分费用。除非本国资源不许可,受益于国际援助的国家承担的费用应构成用于各项计划或项目的资金的主要份额。

第二十六条　世界遗产委员会和受援国应在他们签订的协定中确定享有

根据本公约规定提供的国际援助的计划或项目的实施条件。应由接受这类国际援助的国家负责按照协定制订的条件对如此卫护的财产继续加以保护、保存和展出。

Ⅵ 教育计划

第二十七条

1.本公约缔约国应通过一切适当手段,特别是教育和宣传计划,努力增强本国人民对本公约第一和二条中确定的文化和自然遗产的赞赏和尊重。

2.缔约国应使公众广泛了解对这类遗产造成威胁的危险和根据本公约进行的活动。

第二十八条 接受根据本公约提供的国际援助的缔约国应采取适当措施,使人们了解接受援助的财产的重要性和国际援助所发挥的作用。

Ⅶ 报告

第二十九条

1.本公约缔约国在按照联合国教科文组织大会确定的日期和方式向该组织大会递交的报告中,应提供有关他们为实行本公约所通过的法律和行政规定和采取的其他行动的情况,并详述在这方面获得的经验。

2.应提请世界遗产委员会注意这些报告。

3.委员会应在联合国教科文大会的每届常会上递交一份关于其活动的报告。

Ⅷ 最后条款

第三十条 本公约以阿拉伯文、英文、法文、俄文和西班牙文拟订,五种文本同一作准。

第三十一条

1.本公约应由联合国教科文组织会员国根据各自的宪法程序予以批准或接受。

2.批准书或接受书应交存联合国教科文组织总干事。

第三十二条

1.所有非联合国教科文组织会员的国家,经该组织大会邀请均可加入本公约。

2.向联合国教科文组织总干事交存一份加入书后,加入方才有效。

第三十三条　本公约须在第二十份批准书、接受书或加入书交存之日的三个月之后生效,但这仅涉及在该日或之前交存各自批准书、接受书或加入书的国家。就任何其他国家而言,本公约应在这些国家交存其批准书、接受书或加入书的三个月之后生效。

第三十四条　下述规定须应用于拥有联邦制或非单一立宪制的本公约缔约国:

1.关于在联邦或中央立法机构的法律管辖下实施的本公约规定,联邦或中央政府的义务应与非联邦国家的缔约国的义务相同;

2.关于在无须按照联邦立宪制采取立法措施的联邦各个国家、地区、省或州法律管辖下实施的本公约规定,联邦政府应将这些规定连同其关于予以通过的建议一并通告各个国家、地区、省或州的主管当局。

第三十五条

1.本公约缔约国均可通告废除本公约。

2.废约通告应以一份书面文件交存联合国教科文组织的总干事。

3.公约的废除应在接到废约通告书一年后生效,废约在生效日之前不得影响退约国承担的财政义务。

第三十六条　联合国教科文组织总干事应将第三十一和三十二条规定交存的所有批准书、接受书或加入书和第三十五条规定的废约等事通告本组织会员国、第三十二条中提及的非本组织会员的国家以及联合国。

第三十七条

1.本公约可由联合国教科文组织的大会修订。但任何修订只对将成为修订的公约缔约国具有约束力。

2.如大会通过一项全部或部分修订本公约的新公约,除非新公约另有规定,本公约应从新的修订公约生效之日起停止批准、接受或加入。

第三十八条　按照《联合国宪章》第102条,本公约须应联合国教科文组织总干事的要求在联合国秘书处登记。

1985年11月22日,中华人民共和国第六届全国人民代表大会常务委员会第十二次会议决定:批准联合国教科文组织大会第十七届会议于1972年11月16日在巴黎通过的《保护世界文化和自然遗产公约》。

第二章 文物保护的基本理论

第一节 纸质藏品的科学保护

纸质藏品损坏的主要因素有：不利气候条件、微生物、光照、搬运不当，藏品本身结构脆弱以及周围不利材料的影响等。为了能长久保存纸质藏品，文物工作者要注意每一个细节。

一、纸质藏品保护的相对湿度与温度

极端的湿度与温度对纸质藏品十分有害，而变化幅度过大的湿度和温度还会导致藏品变形。藏品失去稳定性，会加剧退化，造成更加严重的损坏。

纸质藏品能随时吸收并释放水分，具有吸湿性。相对湿度较低的高温环境会使纸变脆、内部黏合成分干枯、绘画色彩起皮脱落、书籍开裂。而在潮湿的环境里，纸质材料则会起皱，颜色会脱落，黏合成分与染料会发生水解，也会滋生霉菌甚至出现霉斑。

通常，凉爽的环境（15 ℃～18 ℃）比温暖的环境更有利于纸质藏品的保存。但如果将相对湿度保持在 45%～55%，即便在温暖的环境中，纸质藏品也不会出现收缩的情况。

需要注意的是，地下室和顶层阁楼都不能用来保存纸质藏品。保存纸质藏品时，要注意避开水管和暖气管道等。

二、光照度

无光照是保存纸质藏品（印刷品或绘画）的理想环境。所有光都会与纸产生化学反应，造成藏品昏暗、脱色，以及纤维素分解等负面变化，这些变化日积月累最终会造成不可逆转的后果。所以在保存纸质藏品时要尽量减少光亮（包括库房不必要的光亮），降低光对藏品的损害程度。

日光富含强烈的紫外线，纸质藏品保护区域必需隔绝日光。荧光灯管需要用紫外线吸收材料罩住。纸质藏品要远离白炽灯和暗房灯，因为它们释放的过多热量会使藏品变得干燥、脆化、脱水甚至发生变形。

三、空气质量

空气中有很多污染物，如二氧化硫、氮氧化物、硫化氢和溴气等。它们随时都会与木质纸浆中的木质素发生反应，导致酸性增加，最终分解纸质制品，所以相关工作人员必须对空气进行过滤。

空气中的灰尘、油烟和煤灰等必须过滤干净，因为它们不仅具有酸性，还对纸质藏品有磨蚀作用。人皮肤上的油脂在接触藏品后会渗入纸张，所以接触纸质藏品时，必须戴上白色的细纱手套，以免手上的油脂玷污藏品。展开藏品时，切忌说话、咳嗽，以免唾液落在藏品上，后期形成霉斑。

四、生物性损害

纸质藏品从大气中吸收并保持的湿气与其本身或设计媒介的有机成分结合，会为藏品构造一个滋生细菌的理想温床。寄生于纸质藏品并毁坏藏品的微生物有多种，它们需要的湿度与亮度，以及适合它们生长的温度、酸度、碱度都大不相同。有些微生物依赖蛋白质，比如胶水；有些则依赖多糖物质，如淀粉浆糊和纤维素。通常，温度与相对湿度越高，藏品越有可能被微生物损害，发生褪色、起斑、附属媒介腐朽等情况。比如，在相对湿度为70%～72%，温度为22℃时，藏品会发生霉变。要有效减少有机物生成和繁殖的机会，就应将温度和相对湿度维持在一个合适的范围之内，并保持空气流通，避免形成滞气区域。如发现霉菌活跃，相关工作人员要尽快改变环境条件，请保护专家介入处理。

纸质材料的纤维成分，如淀粉、蛋白质等为害虫提供了丰富的生存营养。要想避免虫害，应定期清洁藏品环境，禁止将食物、饮料等带入藏品保护区域。一旦发现虫害，要查明虫种以便采取根除措施。为了防止书画被蛀蚀，一般是使用化学驱避剂来有效地杀死或驱赶蛀虫。常用的有萘、樟脑精、二氯化苯或具有特殊气味和毒性的其他固体药物。如果虫害严重，工作人员还要在保护专家的指导下进行熏蒸灭虫处理。

过去经常使用的药物乙烯氧化物和甲基溴，现在已经很少使用。乙烯氧化物过去常被当作熏蒸药物使用，但因其毒性大，且有可能导致蛋白质分子结构变化，所以如今已经很少使用。甲基溴对蛋白质和其他一些含有硫磺的材料（如橡胶、皮毛、纸制品与木制品等）是有害的，且它与金属、煤渣砖、木炭、混凝土也会产生有害的化学反应，所以如今也很少使用。博物馆目前常用的熏蒸药物是硫酰氟。

需要注意的是，做药物熏蒸处理时，应使用可靠的杀虫剂，而且被处理的藏品要与其他藏品分开，转移隔离到其他地方进行处理。

五、纸质藏品的保护材料

纸质藏品柜架、包装盒以及其他保护材料应坚固、稳定，不易发生化学损坏。常用的保护材料有碎棉布板、无酸纸板、半透明纸、惰性塑料（如聚酯薄膜、亚克力板）、日本纸以及纯淀粉浆糊等。

六、纸质藏品的保护衬夹

保护纸质藏品的常用工具还有保护衬夹。比较简单的衬夹结构是前视窗页经合页连接到背板。衬夹的材料只能用高质量的碎棉布板（100%棉布）或纯硫化板，不可以用有木质纸浆内芯的棉布纸板。

鉴定板材质量是否符合要求的方法主要有以下三种：①滴一滴显示液，以此检测板材是否具有酸性；②用眼睛观察，如板材颜色内深外浅，说明板材具有酸性；③弯曲纸板一角，如发现断裂，则此材料不可用。

纸质藏品对碱性敏感，为了避免产生有害反应，不要用软纸板做衬夹。碎棉布板一般有两层和四层两种。四层的结实牢固，常用来制作大型藏品的衬夹。纸质藏品的衬夹、包装盒等能辅助保护物品，若质量能达到标准，则会对纸质藏品产生很好的保护作用。

七、衬夹合页

保护衬夹需要用合页将纸质藏品与背板上端粘连。合页一般使用长纤维的日本棉纸。浆糊一般由小麦或稻米淀粉制成，这种浆糊不会损坏藏品，且它们的有效期短，必要时可安全去掉。

吊式合页用于藏品边缘被视窗页遮盖的衬夹。折叠式合页可让藏品在视窗页内空白处移动。固定纸质藏品不可用胶带、橡胶泥、即时贴棉纸、万能胶（如聚醋酸乙烯或丙烯酸乳液）等压力敏感型的黏合材料。

八、活动页片

衬夹中，纸质藏品正面应放置由透明纸或棉纸等材料制成的活动页片。透明纸是透明材料，而棉纸不透明。使用不透明的棉纸时应在衬夹上做标签，以便快速确定藏品位置，避免查找时频繁翻动，损坏藏品。因碱性物质对感光胶有不利影响，所以软棉纸不可以用作照片藏品衬夹。

九、其他衬夹替代物

文件夹、文件袋、信封、书画筒或密封袋等可替代纸质藏品衬夹。

无酸纸或无酸纸板制成的文件夹可大可小、简单实用。四面折起的文件夹可使藏品四边不受空气中污染物的影响。为使文件夹更加牢固，可在文件夹中放置一块棉布板。工作人员还可以在纸质藏品之间放置透明纸或软纸活动页片（与文件夹同样大小），以保护藏品表面，阻止酸性物质转移，而且可以避免拿取藏品时直接接触藏品。在藏品文件夹和文件袋上设置标签时，最好用铅笔，不可用马克笔和圆珠笔。藏品正面不得直接接触信封式档案袋的接缝处。使用三折或四折的信封可以防止黏合剂造成藏品损坏。

聚酯薄膜套是透明的，它除与信封有同样的保护效果外，还可以让人直接看见藏品。特别脆弱的藏品要用密封袋保护，以防止外部污染或拿取、运输不当，使藏品被进一步损害（未经脱酸处理的藏品不宜完全密封）。藏品必须密封在两层柔软的聚酯薄膜套内，套口处用无褪色双面胶带或超声波震动技术进行密封。聚酯薄膜套密封可用于保存重要藏品，但不适合保存铅笔画、蜡笔画和水粉画，因为作品画面有可能被压印在塑料上。

保存表面稳定、不易受静电影响的纸质藏品时，可以多层叠摞，藏品之间用无酸板隔开，边缘用胶带进行密封处理。

十、包装箱

对于那些用衬夹、文件袋等做过初级保护的藏品，工作人员还要将它们有序放入包装箱内，并在箱上贴标签。

工作人员要按照尺寸对藏品进行分类，并选择最合适的包装箱。所选包装箱无论是无酸纸板制成的轻便小箱，还是厚重大箱，都必须牢固、不超重、易搬运。如果没有包装箱，可将藏品暂时存入文件夹，用无酸纸包好，再用棉带捆扎。橡皮筋、订书针、别针和回形针等会造成斑点或划破藏品，不可以使用。

十一、藏品上架

厚重、体积大的保存箱，应该放在眼睛平视线以下的柜架层位，以免箱子滑落，伤及工作人员和藏品。存放的藏品要易于接近、拿取方便。为了防止事故和便于清洁，柜架最底层应至少高出地面15厘米。柜架与墙面之间要留有空间，以便空气流通。

胶合板、纤维板、部分黏合剂等，会释放对纸质藏品有害的甲醛，所以要用无酸或软纸、碎棉布板对木质柜架进行衬垫处理。加快空气流通也可以减少甲醛对藏品的危害。相对而言，红木、核桃木以及室外用胶合板对藏品的危害较小。而橡木、栗木和室内用胶合板对藏品的危害较大，不建议使用。对木质柜架进行涂层处理以阻止木材释放有害物质的方法是否有效，目前还未得到证实，在此也不推荐使用。因为涂层材料在固化的过程中也会对藏品产生不利影响。

氧化铝和镀铬钢柜架（包括线型架）的材质有惰性，对藏品影响很小，但当气温降低至一定水平时，金属柜架会出现凝冻，所以要用无酸棉纸、棉布板、吸墨纸等包裹金属柜架，以免藏品受潮。

纸质藏品水平摆放最安全。如果包装箱内的藏品需要垂直摆放，需装入衬夹，并在箱内填充纸板，避免藏品移动。档案藏品保护一般将文件放在文件夹内，再分类放入金属柜和档案箱。为安全拿取和运输，文件箱不宜装得太满。

装有前玻璃的文件柜可防止灰尘污染，尤其适用于书籍的保存。封闭式箱柜应安装通风口，以免材料蒸发的酸性物质在箱内积累。为了使空气充分流通，书籍不要贴近柜后壁放置。

大件藏品最好用水平的文件抽屉保存。要根据藏品大小分别放入不同的抽屉，并以无酸文件夹、纸张或纸板将藏品相互隔开。

十二、线型金属架

可移动柜架会引起藏品震动，对色彩脱落或粉状颜色的绘画藏品有不利影响。装框的蜡笔和炭笔画只能用靠墙面的不可移动线型金属架挂存。

十三、其他

装框纸质藏品最好水平摆放，不能叠摞。一定要叠摞时，应用厚实的无酸纸板隔开。另外，还需要用不透明的织物或纸张遮住光线。为避免藏品被灰尘污染、被潮气损坏，装框藏品不可以放在地面保存。

第二节　油画藏品的科学保护

环境是藏品保护最为重要的影响因素，而油画藏品保护对环境有特殊的要求。保护油画藏品，不仅要考虑温度、湿度对油画构成材料的持续反应，还应注意油画保存的环境控制、气候、位置等因素。油画藏品保存的位置应具备稳定、清洁、安全、牢固、易于抵达等特点。

以下是油画藏品科学保护的基本要求。

一、温度与湿度

油画藏品的保存条件只有更好，没有最好。条件越好，越有利于藏品的完整保存。

温度与湿度决定了油画藏品的退化速度。良好的保存与展出环境可以使油画藏品保持稳定。为及时发现和解决问题，保持油画存放区域环境的稳定，工作人员要用标准湿度记录仪对温度和相对湿度及其波动幅度进行不间断的记录。油画藏品保存环境的温度与相对湿度有公认标准，即温度为 18 ℃～24 ℃，相对湿度为 40%～55%。使用气候控制设备可以使温度、湿度保持稳定。该设备可以对空气进行过滤、清洁，并通过加热或降温，对相对湿度进行调整，从而使符合要求的空气由设备扩散系统进入藏品保存空间。若温度能保持在 20 ℃左右，相对湿度便应控制在 40%～55%之间。

如果没有气候控制设备，工作人员可以使用标准空调和供暖设备，将温湿度调控在合理范围内。天热时，可使用空调和除湿器，以保持空气干燥。除湿器中的积水要及时排出保存区域。排水管道必需定期检查，以防生长霉菌、藻类，或者发生漏水事故。天冷时，要对空气进行升温处理。压力气流系统会使空气变得干燥，所以通过升温、增加湿度，能将相对湿度保持在理想水平。供热系统或局部恒湿器也可以帮助增湿。增湿时，不能使用向空气中喷水雾的设备（如蒸发式增湿器）。而且工作人员要精确计算平均每单位空间放置的增湿器和除湿器的数量，否则在一定范围内出现的微气候可能导致藏品状况恶化。增湿系统使用的水不得添加化学药剂，因药剂会通过水分蒸发沉淀在藏品表面。上述设备的费用比安装中央空调低，但都属于局部控制设备，需要经常维护，每日检查。

保持环境稳定还应注意使用其他局部调控手段。如藏品要远离外墙、远离水源、减少自然光照等。对气候敏感的藏品应装盒保存，包装盒应由保护专家设计。

二、位置

可以说，没有绝对理想的油画保存区域，工作人员只能在现有空间中选择最适合的位置，以及与之相应的环境系统、设备和框架等。

选择油画保存位置时，应注意建筑问题可能对藏品造成的不利影响，如水管漏水等。保存区域应远离水管和供热系统。地下室容易发生水淹事故，不可以选作保存室。选择保存位置时，还要考虑其近邻因素，如附近可能带来污染的码头、木工房或餐馆等。为了防止尘埃污染藏品，建筑的门窗应有密封装置，框架应有遮盖，油画背面应装有保护衬板。

选择位置时，还应考虑藏品取放、使用是否方便等因素。油画保存位置应与工作人员，如馆员、登记员、保护员等在同一栋建筑内，否则还需设置专门的运输通道。此外，保存室的门不宜过小，应能够轻松运送各种尺寸的油画藏品。

三、保存柜架

油画藏品保存系统应具备扩展性，为收藏增量留有余地，可适应收藏发生的变化。

为保证各种尺寸的藏品（包括画框）都能安全存放，工作人员应先对现存油画的尺寸进行总体评估，明确本单位的需求。柜架的种类很多，有金属箱、分层柜、转动式网格架、木柜等，选择时不能只考虑价格，还应考虑柜架的扩展性、灵活性，有时还应考虑移动时的便利性。柜架大小不仅取决于藏品的尺寸和柜架结构的稳定程度，还与建筑过道、出入口、展厅通道的宽窄有关。任何独立或组合柜架，无论是固定箱式还是滑动画屏式，都应能够适应不同大小、不同形状的绘画藏品。

木质柜架（固定箱式）通常设有多个格挡，每个格挡放置2～3幅绘画作品。木柜架应用多层聚酰亚胺膜覆盖严实，黏合溶剂应使用防潮的脂肪族碳氢化合物或二甲苯。木质柜架有了覆盖严实的包层虽不能杜绝有害物质，但能减少木材有机酸的排放量。若用聚酰亚胺作为覆盖材料，一定要使其充分晾干，因为二甲苯一类的黏合剂会与油漆发生反应，并影响柜架表面的光泽。柜架外壁应使用胶合板贴面。柜架隔板可以是胶合板材料，镶入柜内上下方的固定槽内，用胶或螺丝固定。与室内用胶合板相比，室外用胶合板甲醛释放量相对较少，适合用来制作柜架隔板。

制作柜架时，应考虑柜内的平滑程度，不能有凸起的硬物。还应保证油画背面的安全，可以用牢固的轻型板材（纸板或泡沫芯板）在油画背面加固框架。在加固之前，工作人员应先咨询保护专家。

单个格挡的间隔宽度不应超过10厘米。为方便拿取，隔板要比柜架低2.5厘米，且油画之间的标准隔板要足够大。如果尺寸不吻合，隔板会刮伤油画。柜架开放的一边应安装遮盖板，遮盖板要安装在容易开启的位置，以便安全接触藏品。柜架设计不仅要考虑油画的空间，还应考虑其邻近部位。为了安全存放、顺利拿取，柜内必须具备比藏品本身大1.5倍的空间。柜内还应用纸板作隔板，以保护油画不受损害，而且纸质隔板还可起到防尘、防污的作用。

柜架组装应保证结构安全稳定。为获得稳定支撑，柜架最好靠内墙摆放。至于那些不靠墙的柜架，它们需要承受藏品的重量，且无法获得稳定的支撑，所以更要结实、牢靠。完整的保存柜架应有15厘米高的基座。箱式藏品柜还可以在每个格挡底面铺设惰性材料，如聚乙烯泡沫或闭环毯条。毯条铺底时应用热黏合的方法，不能用黏合剂。

柜架附近应留有让小推车尽量靠近柜架、足够两人安全操作的空间。为了小推车及藏品的顺畅移动，应尽量减少空间里的拐角或弯道。在放置藏品时，应将最重的藏品存放在柜架最底层，小而轻的放在上层。对于保存状况差的藏品（如有撕口或彩绘有剥落的），要开辟出能够使油画平放的封闭保存空间。

四、工作空间

保存油画的单位应设有对油画进行检查和技术处理的空间。此空间要配备牢固的台面和临时保存油画的背板。设置这样的保存空间，是为了在进行背衬加固和检查时，藏品不必离开安全地带。工作空间还要配备必要的工具和物料，如背板、背衬材料、插页、标签，以及可移动的照明工具等。

五、记录

所有保存单元，格挡（排）或柜架之间的走廊，都应标有明显的提示标签。每件藏品都应具备完整的身份信息，包括名称、艺术家、收藏编号、尺寸（装框或非装框）及保存位置。笔者推荐使用卡片式身份档案。

卡片式身份档案可以随藏品一起移动，方便快捷。这种卡片应记录藏品的作者、编号、当前位置、尺寸、保存状况和搬运要求。

六、灯光

保存油画的区域要尽可能隔绝自然光，比如遮挡窗户，避免日光进入。要尽可能少使用人工照明。固定日光灯应配备紫外线过滤装置。

为了尽可能少使用人工照明，相关单位应在柜架之间的走廊各处，以及每个保存单元，安装有独立开关的照明装置。在不使用时，关闭保存区域所有的照明设备（应急灯除外）。

七、常见的问题及解决措施

本节所写的油画是指在油画布、木板以及油画纸上绘制的绘画作品，使用的媒介材料包括油画颜料、蛋清以及现代合成颜料。在画布上绘制的画作是传统油画，其组成部件有辅助支撑（即绷框和画布），以及至少一层颜料，有的表面还有一层上光油。木板画的组成部件包括绘画前上的一层石膏底、颜料层和上光油。

撕口和颜料剥落是油画最常见的问题。如发现这两种情况，应立即求助保护专家。如果颜料起片松动，应立即将油画从墙上取下，平放保存。如要送往保护专家工作室处理，则需用泡沫芯板或塑料膜，将油画连同画框一同紧紧包裹起来——画框可起到支撑作用，避免泡沫芯板、塑料膜触及油画颜料层。

对于损坏严重、需要全面修复的油画藏品，有的博物馆或收藏家可能负担不起高昂的费用，保护专家会建议对颜料起皮部位（或整幅油画）的表面进行保持性保护处理。常见的处理方式是，用胶（须稀释）、清漆或蜡溶液将大量薄纱片粘到颜料表面。黏合剂选择取决于多方面因素，但最重要的是应具备可逆反性（即可撤除的特性）。在进行最终加固和重贴处理之前，对油画进行表面保持性处理，可以防止起皮、颜料丢失。最终的加固和重贴处理应在保护工作室进行，可以使用背衬法等。

油画表面起皮的状况各不相同，有的是底色和彩绘同时起皮；有的是色彩部分起皮；有的是颜料空鼓部分并未完全脱落，只是翘起，脱离了底料层或画布——这种状况即"解理"，而颜料空鼓但未见裂口的状况被称作"内解理"。

发生空鼓，说明画作支撑部分与绘画部分之间的黏合成分已经失效。引发空鼓现象的原因是多方面的，如艺术家本身的技术有待提高，艺术家选择的材料有问题，画布涂层黏合材料引发的问题等。此外，季节更替导致的温湿度变化，会使保存环境恶化，导致画布遇湿膨胀，也会出现空鼓现象。保护专家在处理空鼓问题时，会从油画正面或背面给空鼓部分填装固定材料，在之后的晾干过程中借助外力压平。

撕口也是需要警惕的大问题。油画一旦被撕破，画布会立刻变形，随着时间的推移，接缝修复会变得越来越困难。所以画布一旦出现撕口，无论多小，工作人员应立即求助保护专家，切勿自行修复。

保护专家要先对撕口附近的颜料进行加固，再对画布撕口部位的编织线和颜料层进行接缝。从背面对编织线进行修复时，如果发现缺失（无论多大），应以嵌入画布的办法进行弥补。若撕口较大，还需要进行内衬处理，以增加画布强度。对已经很脆弱的画布，应该整体进行内衬处理。此外，油画修补补丁不能过于厚重，以避免画布正面出现鼓包。内衬处理通常是在油画背面贴新的纤维作支撑。曾接受过内衬处理的老油画，其内衬部分有可能已经损坏，需要再次进行内衬处理。在进行二次内衬处理时，需要清除原有的内衬及黏合成分。

木质油画易受虫害（如甲虫的幼虫、白蚁和蠹虫等）影响。发现虫害，应立刻隔离该绘画，并及时进行专业熏蒸消毒。熏蒸消毒要在专家的指导下进行。

油画还会发生许多状况，这里不再逐一论及。工作人员应认真监控油画结构的稳定性，保持油画藏品原有物理面貌。当对油画状况有疑虑或不知是否需要处理时，一定要立即求助于保护专家。

第三节 藏品的智能化保护

藏品智能化保护手段主要有三种：一是综合应用感知技术、新型数字化采集技术、海量数据处理技术、移动互联网技术等现代先进技术，建设文物多层级、多维影像数据库，减少文物实物在展示、研究等环节的使用频率，从而保持实体文物的稳定状态；二是通过无线传感监测技术，采集、分析数字信息，实施对环境的干预，实现对文物保护环境的智能控制；三是基于智能感知技术和无损检测技术，对博物馆藏品的状况及相关影响因素，进行全面量化分析及智能数据挖掘和分析处理，使工作人员在文物损坏发生之前掌握各种情况，并根据相关信息，建立预防性保护流程。

一、高清三维影像数据库建设

藏品资源数字化是藏品智能保护的基础性工作，但对海量资源进行数字化转化是一项艰苦而漫长的工作。因此，相关单位要全面评估藏品，按照整体规划、分步实施的原则，在对文物进行全面整理、分析的基础上，精选一批珍贵文物，进行全方位、高清晰度的扫描工作，建立文物多维图像与文档的基础数据库。

文物保护工作必须围绕延长文物的寿命和保存文物所承载的信息这两个中心来进行。利用高精度、可视化三维数字还原技术，对文物的三维形态信息及表面色彩纹理信息进行精确的采集和记录，是目前技术条件下比较先进、高效的保护办法，一些博物馆已经在这方面进行了有益的尝试，并取得了大量的经验。

三维数据采集工作大致分为两个阶段：前期采集段和后期制作段。前期采集段的主要任务是采集物体表面的三维信息和色彩、纹理等信息；后期制作阶段的主要任务是利用技术软件，对采集到的信息进行整理、优化，最终制作出物体完整的三维数据模型。

以嘉峪关的魏晋墓为例，相关专家对墓室的结构进行了完整的三维数字扫描。对甬道、墓室内所有表面，尤其是对该墓珍贵的壁画砖进行高清纹理和色彩采集。他们将采集得到的三维模型与色彩纹理信息进行了优化与整合，建立嘉峪关魏晋墓的高精度、可视化数字还原模型。这样的模型对于墓葬的保护、研究、展览等工作都具有重大意义。

二、智能环境监控

文物智能环境监测能够实现对展厅、库房的温度、湿度、光照度、二氧化碳浓度等多种环境因素数据的实时监测和智能数据采集。系统将采集到的数据传输至监测中心，监测中心对数据进行动态分析后发出指令。监控监测数据可以通过安装在电脑上的数据管理软件查阅，工作人员可以通过安装在手机端的配套软件及时获得动态信息和报警信息。

为了保护文物，对于高级别文物或流动展出的文物，应加设蓝牙电子标签。该设备可以主动搜集、整理该文物附近的环境数据。当文物被移动时，会按照时间线生成移动报告。

三、智能安防建设

根据国家标准《博物馆和文物保护单位安全防范系统要求》，博物馆安全技术防范系统可以划分为3个等级。该标准规定：博物馆防护范围主要包括周界防护、监视区防护、防护区防护、文物展厅防护、室外展区防护、文物卸运交接区防护、文物通道防护、监控中心等 11 类。针对这一标准，智能安防系统是不错的选择。

  智能安防系统应该是一个高清晰度、多功能、智能化、可实现联动报警、高灵敏度的综合系统，它应当包括入侵报警系统、巡更系统、门禁系统、视频监控系统、通信系统、辅助照明系统、计算机网络系统、集中管理中心控制系统、供电系统、防雷电系统、传输系统、记录系统等，而且各系统之间能形成有效的联动机制。

第三章　国有文物收藏及保护制度

第一节　国有文物收藏和保管单位

国有可移动文物以国有文物收藏单位收藏为主。由机关、部队、国有企事业单位保管的国有可移动文物，也是国家收藏文物的重要组成部分。

一、国有博物馆、图书馆

《文物保护法》第三十六条规定："博物馆、图书馆和其他文物收藏单位对收藏的文物，必须区分文物等级，设置藏品档案，建立严格的管理制度，并报主管的文物行政部门备案。"国有博物馆、纪念馆、陈列馆、图书馆等单位，是国有可移动文物的主要收藏单位。

博物馆是文物收藏机构。中华人民共和国成立时，中国仅有二十多个博物馆。在百废待兴之时，党和政府就十分重视博物馆建设。1951年，中央人民政府文化部对地方博物馆的方针、任务、性质及发展方向作出指示，指出："博物馆事业的总任务是进行革命的爱国主义的教育。通过博物馆使人民大众正确地认识历史，认识自然，热爱祖国，提高政治觉悟与生产热情。""鉴于目前国家经济情况，博物馆事业仍应以改造原有的为主，仅在个别有条件地区筹建新的博物馆。""各大行政区或省、市博物馆，应当是地方性的和综合性的。"1952年，我国基本完成了对旧有博物馆的整顿和改造，博物馆事业开始走上社会主义道路。

随着我国社会经济的发展，博物馆事业也在不断发展进步。1956年，全国博物馆工作会议第一次明确提出博物馆的基本性质是"科学研究机关""文化教育机关""物质文化和精神文化遗存以及自然标本的收藏所"，基本任务是"为科学研究服务，为广大人民群众服务"。此次会议明确了博物馆的社会地位与作用，推动了博物馆事业的发展与进步。到1957年，文化系统博物馆已发展到57个。1958年，毛泽东视察安徽省博物馆时指出："一个省的主要城市都应该有这样的博物馆，人民认识自己的历史和创造的力量是一件很要紧的事。"这一番话为新中国博物馆事业指明了发展方向。中国历史博物馆、中国革命博物馆、中国人民革命军事博物馆等大型博物馆先后开始兴建。

1978年12月，党的十一届三中全会召开，确定以经济建设为中心，实行改革开放。我国社会主义建设进入一个新时期，博物馆事业也走上了健康发展的道路。1979年6月，国家文物事业管理局颁发《省、市、自治区博物馆工作条例》，明确规定："省、市、自治区博物馆是国家举办的地方综合性或专门性博物馆，是文物和标本的主要收藏机构、宣传教育机构和科学研究机构，是我国社会主义科学文化事业的重要组成部分。""博物馆通过征集收藏文物、标本、进行科学研究，举办陈列展览，传播历史和科学文化知识，对人民群众进行爱国主义教育，为提高全民族的科学文化水平，为我国社会主义现代化建设做出贡献。"这进一步明确了博物馆的性质和任务。

20世纪八九十年代，我国博物馆建设稳步发展。陕西、上海、江西、河南、西藏、青海等省、自治区、直辖市，先后建起了新的具有现代化设备的省级博物馆；山西、辽宁、北京、甘肃等省、市也正在加紧建设新的省级博物馆。与此同时，市、县级博物馆也有了很大发展。据国家文物局统计，当时全国有博物馆2 000个，其中综合性博物馆828个，专门博物馆281个，纪念性博物馆275个，博物馆成为国家收藏文物的主要机构。

此外，改革开放以来，一些行业、系统还建成了一批特色博物馆。如中国人民抗日战争纪念馆、中国科学技术馆、中国钱币博物馆、中国体育博物馆、中国现代文学馆、中国煤炭博物馆、中国航空博物馆等。它们根据本馆性质，收藏了一批专题性的、具有特色的国有可移动文物。

2021年，我国备案博物馆总数达6 183家，排名全球前列。其中5 605家博物馆实现免费开放，占比达90%以上。2021年全国博物馆举办展览3.6万次，教育活动32.3万场。虽受新冠疫情影响，全国博物馆仍接待观众7.79亿人次。策划推出3 000余个线上展览、1万余场线上教育活动，网络总浏览量超过41亿人次。

二、文物保护管理机构

文物保护管理机构是《文物保护法》第三十六条规定的博物馆、图书馆之外的其他文物收藏单位。中华人民共和国建立之初，为了及时保护古建筑群、古园林、石窟寺、古墓葬群、大型古遗址等，党和政府建立了一批文物保管所、研究所等保护管理机构。随着我国文物事业的发展，一些文物较多的市、县建立了文物管理处、保管所等机构；重点文物保护单位也依据国家规定，设置了专门管理机构。这些文物保护管理机构，由于历史的或工作的原因，都收藏、保管了数量多少不等的国有可移动文物，有些还根据条件举办了文物陈列展览活动。

2019年10月，第八批全国重点文物保护单位公布，至此我国已核定5 058处国保单位。包括古遗址1 194处，古墓葬418处，古建筑2 160处，石窟寺及石刻307处，近现代重要史迹及代表性建筑952处，其他27处。国保单位总数比较多的省份是山西、河南、河北、浙江和陕西。

此外，文物系统以外的园林、宗教系统等文物保护管理机构，也收藏、保管了一部分国有可移动文物。

三、文物考古研究机构及其他单位

文物系统、科学院、高等院校的考古研究单位和考古学系，凡获得考古发掘团体单位资格，即成为从事考古发掘的单位，它们在完成考古发掘项目的发掘之后，除应依法移交出土文物外，也都依法保管一部分供科学研究或教学用的文物、标本。虽然它们不是文物收藏单位，但具有保管国家所有文物的职责。它们所保管的文物是国有文物的组成部分。

第二节　国有文物收藏单位文物的来源

为了不断丰富我国国有文物收藏单位的文物藏品，不断增加文物藏品数量，《文物保护法》第三十七条对文物藏品来源做了进一步规范。

文物收藏单位可以通过下列方式取得文物：

（一）购买；

（二）接受捐赠；

（三）依法交换；

（四）法律、行政法规规定的其他方式。

国有文物收藏单位还可以通过文物行政部门指定保管或者调拨方式取得

文物。

一、文物行政部门指定保管或者拨交文物

文物行政部门指定保管或者拨交文物，是国有博物馆、纪念馆等文物收藏单位文物藏品最主要的来源。文物行政部门指定的文物保管单位有三种：一是指定出土文物保管单位，二是指定拣选文物保管单位，三是指定罚没文物保管单位。考古发掘的文物属于国家所有。根据《文物保护法》第三十四条规定："考古发掘的文物，应当登记造册，妥善保管，按照国家有关规定移交给由省、自治区、直辖市人民政府文物行政部门或者国务院文物行政部门指定的国有博物馆、图书馆或者其他国有收藏文物的单位收藏。"这是国有博物馆等文物收藏单位文物藏品的重要来源之一。

拣选文物是国有博物馆等文物收藏单位文物藏品的重要来源之一。几十年来，有些博物馆的征集人员深入冶炼厂、造纸厂或废旧物资回收部门拣选掺杂在废旧物资中的文物，为博物馆拣选了不少重要文物。与此同时，也有一些拣选文物是文物行政部门依法指定国有博物馆收藏的，其中不乏珍品。

罚没文物也是国有博物馆等文物收藏单位文物藏品的来源之一。执法机关罚没的文物，在结案后依法移交文物行政部门。文物行政部门根据收藏、保管条件和罚没文物的情况，指定国有博物馆等文物收藏单位收藏、保管。

文物行政部门拨交给国有博物馆等文物收藏单位的文物，是其收藏品的重要来源。拨交的情况多种多样。

第一，党政部门保管的文物拨交国有博物馆等文物收藏单位收藏。机关、部队、社会团体和事业单位先后拨交给故宫博物院的文物是国有文物收藏单位文物的主要来源，是新入藏文物中的最大宗。1951年2月，毛泽东亲自写信给当时中央文化部文物局局

长郑振铎,将友人送给他的明代学者王夫之的手迹《双鹤瑞舞赋》卷交给文物局,并在信中强调:"据云此种手迹甚为稀有,今送至兄处,请为保存为盼。"后此珍品被调拨给故宫博物院。1956年,张伯驹先生将唐代李白的《上阳台帖》卷赠送给毛泽东。1958年,毛泽东指示中央办公厅,将此帖转交故宫博物院珍藏。

第二,接受捐赠后拨交的文物。许多文物收藏家在不同时期将收藏的文物捐献给党和国家领导人,或捐献给政府及文物行政部门,这些文物都应拨交给国有博物馆等文物收藏单位收藏。如上述赠送给毛泽东的王夫之手迹《双鹤瑞舞赋》卷和李白《上阳台帖》卷,后来都拨交给故宫博物院;又如,刘肃曾将"虢季子白盘"捐献给政府。

第三,购买后拨交的文物。由国家出资购买的文物,应拨交国有博物馆等文物收藏单位收藏。如经周恩来批示,从香港购回的王献之的《中秋帖》卷和顾闳中的《韩熙载夜宴图》卷,都是极品。

第四,其他来源文物的拨交。如其他国家归还中华人民共和国成立前被掠夺的文物,这些文物通常拨交国有博物馆等文物收藏单位收藏。

二、国有博物馆购买文物

国有博物馆等文物收藏单位,会通过征集、从合法渠道购买等方式,丰富本馆的文物收藏。一些大的博物馆,一般设有文物征集部或征集组,负责征集、购买文物。这是国有博物馆等文物收藏单位获取文物藏品的重要途径。

国有博物馆等文物收藏单位,可以从合法的文物购销经营单位购买文物,从具有拍卖文物资格的拍卖企业竞买文物,从境外合法市场购买文物等。

民间文物收藏者把文物卖给博物馆,是法律允许的。故宫博物院在中华人民共和国成立后,购进了大量文物,其中不乏珍品,如宋代张先的《十咏图》、明代沈周的《仿黄公望富春山居图》、清代石涛的《高呼与可图》等。

三、国有博物馆接受捐赠文物

国有博物馆接受捐赠文物是丰富馆藏文物的重要途径。中华人民共和国成立以来，我国国有博物馆接受了大批捐赠文物。对捐赠文物的人士，有的由博物馆发给捐赠证书、奖状、奖金；有的由政府或文物行政部门颁发捐赠证书、奖状，给予物质奖励；有的还会为捐赠者举行隆重的捐赠仪式。总之，对保护祖国文化遗产、捐赠文物的高尚行为和爱国精神予以积极褒奖和宣传。今后，相关部门应继续做好接受捐赠文物的工作，规范捐赠与接受捐赠文物的有关事项，善待文物捐赠者和他们捐赠的文物，使更多的民间文物收藏者不但愿意把收藏的文物捐赠给国有博物馆，而且认识到只有捐赠给国有博物馆，文物才最安全。

中华人民共和国成立以来，故宫博物院、上海博物馆等文物收藏单位是接受捐赠文物较多的单位。捐赠者中有党政军领导及部门负责人，有著名专家学者，有港澳同胞、海外侨胞及国际友人。捐赠的文物中有许多极为珍贵，如在著名收藏家张伯驹捐献给国家的文物中：有西晋著名书法家陆机的《平复帖》卷（这是我国现存年代最早的名人墨迹，如图 3-1），有隋代著名画家展子虔的存世名作《游春图》卷（如图 3-2），有唐代著名诗人杜牧仅存的墨迹《张好好诗》卷（如图 3-3）。

图 3-1 《平复帖》卷（局部）

注：《平复帖》卷，晋，陆机书，纸本，手卷，纵 23.7 厘米，横 20.6 厘米。

图 3-2　《游春图》卷（局部）

注：《游春图》卷，隋，展子虔作，绢本，设色，纵 43 厘米，横 80.5 厘米。

图 3-3　《张好好诗》卷（局部）

注：《张好好诗》卷，唐，杜牧书，纸本，行书，纵 28.2 厘米，横 162 厘米。

又如，著名陶瓷收藏家韩槐准先生，侨居新加坡多年，于 20 世纪 60 年代初回国定居。他将自己多年在海外变卖家产艰辛收藏的宋、元、明、清瓷器 2 000 多件，捐献给故宫博物院，其中有国内罕见的明代外销瓷器。

上海博物馆建馆多年来，接受捐赠文物上万件，其中有许多文物极其珍贵，例如，潘达于捐赠的西周大克鼎、大盂鼎等；顾公雄夫人沈同樾及其子女遵照顾公雄遗愿，捐赠的凝聚了四代人心血的"过云楼"所藏宋、元以来书画 393 件；孙志飞捐赠明、清书画精品 120 余件，俟后，其夫人携儿子遵照孙志飞遗愿捐赠书画、缂丝等文物 128 件；施嘉干夫人董逸新及其子女捐赠了施先生毕生收藏的钱币 4 000 余枚，等等。

上海博物馆对捐赠者高度重视，并从各方面做了大量卓有成效的工作：逢年过节，馆领导亲自登门慰问、拜年；凡有捐赠仪式或展览开幕等重大活动，都邀请重要捐赠者作为嘉宾出席；通过新闻媒体，对收藏家捐赠文物的事迹大力宣传；在新馆建成后，将所有捐赠文物的人的名字按年代排列，挂在大厅花岗岩墙面上，对捐赠者表示敬意。

四、其他方式取得文物

《文物保护法》规定，国有博物馆等文物收藏单位取得文物的方式中，有"法律、行政法规规定的其他方式"，如国家出资征集等。国有博物馆等文物收藏单位都有征集传世文物和近现代文物的职能。有时，近现代文物（包括少数民族文物）还在被使用，征集单位需要购买新的实物替代，或者用其他方式获取，这些都需要经费。相关经费多来自中央财政和地方财政。

又如，《文物保护法》第三十九条规定如下。

> 国务院文物行政部门可以调拨全国的国有馆藏文物。省、自治区、直辖市人民政府文物行政部门可以调拨本行政区域内其主管的国有文物收藏单位馆藏文物；调拨国有馆藏一级文物，应当报国务院文物行政部门备案。
>
> 国有文物收藏单位可以申请调拨国有馆藏文物。

通过调拨的方式，博物馆也可丰富馆藏。

第三节　国有博物馆馆藏文物保管制度

国有博物馆、纪念馆、图书馆、文物保护管理机构等单位，都收藏、保管有不同数量的文物藏品。文物藏品是国家极为重要的科学、文化财富。对博物馆、纪念馆而言，文物藏品则是其业务活动的基础。因此，馆藏文物收藏单位应建立文物藏品账和文物藏品档案，在研究文物藏品历史、艺术、科学价值的基础上，对馆藏文物进行分级，建立文物藏品保管制度，加强对馆藏文物的保护和管理，确保馆藏文物的安全，以充分发挥文物的作用。

博物馆等文物收藏单位对所收藏的馆藏文物，负有科学保护、管理、整理研究、公开展出和提供利用的责任。保管工作应做到：制度健全、账目清楚、鉴定确切、编目详明、保管妥善、查用方便。

一、馆藏文物建账和建档

国有博物馆、纪念馆等文物收藏单位收藏的文物是国家重要的文化财产，应依法认真登记，建立文物藏品账和文物藏品档案。《文物保护法》第三十六条规定如下。

  博物馆、图书馆和其他文物收藏单位对收藏的文物，必须区分文物等级，设置藏品档案，建立严格的管理制度，并报主管的文物行政部门备案。

  县级以上地方人民政府文物行政部门应当分别建立本行政区域内的馆藏文物档案；国务院文物行政部门应当建立国家一级文物藏品档案和其主管的国有文物收藏单位馆藏文物档案。

这条规定既适用于国有博物馆、图书馆等文物收藏单位，又适用于非国有博物馆机构。建立馆藏文物档案，是所有博物馆等文物收藏单位文物藏品保护和管理的基础。如果没有建立文物藏品账和文物藏品档案，将不能对藏品进行依法管理。我国国有博物馆等文物收藏单位已经建立了比较完备的文物藏品建账和建档制度。

在国有博物馆等单位，文物藏品在登入总账和分类账之前，应做好原始登记，即对指定收藏、拨交、购买、捐赠等可移动文物的入馆所做的最初的登记工作，应根据有关文件、单据、凭证等填写原始登记簿。原始登记簿是博物馆入藏文物最原始的文化财产清册。登记内容主要有：入馆日期、批号、文物名称、时代、件数、现状、价值、来源等。

在完成文物藏品原始登记后，应把入馆的文物逐件、逐批、逐项登入博物馆文物藏品总登记账和博物馆文物藏品分类登记账。相关工作人员应严格按照国家统一规定的格式和要求，逐件、逐项认真填写。博物馆文物藏品总登记账的主要内容有：登记日期、总登记号、分类登记号、文物名称、时代、计件、计量、现状、来源、级别等。博物馆文物藏品分类登记账的主要内容有：总登记号、分类登记号、原始登记号、文物名称、时代、件数、尺寸、重量、现状、来源、入藏时间、等级等。国有博物馆文物藏品总账和分类账是具有法律效力的文件，不得任意更改，如必须订正，则须经一定程序进行，并在订正处做标记，订正经办人还要在订正处盖章。文物藏品总登记账和分类登记账应由具有敬业精神、责任心强的专业人员专门负责保管。

国有博物馆对馆藏文物建立的档案，主要是文物藏品档案册和文物藏品编目卡片等。它们是相关工作人员根据专家的鉴定意见，编制的系统介绍文物藏品的材料。文字内容包括：文物名称、尺寸、重量、材料质地、保存现状、来源、专家鉴定意见等。如藏品为传世文物，还应记述流传经过。除文字内容外，档案册和编目卡片还有文物的照片、拓片、测绘图等。

文物藏品档案应科学、准确、完整地反映文物藏品的全部情况，有关材料应完整收入档案保存，如可移动文物入馆的各种原始单据和原始记录等材料都应收入档案。如接收拨交文物的清单，购买、捐赠文物的收据，捐赠人书写的捐赠证明等。如果入藏的是考古发掘的出土文物，应将发掘报告、出土文物方位和层位图等，都纳入文物藏品档案。

国有博物馆、纪念馆、图书馆等是国有可移动文物的重要收藏机构，对文物藏品建账和建档是收藏单位应认真做好的基础工作。相关单位要真正做到将每一件文物都登入总账和分类账,建立档案,并且做到账、档案和文物相符,这是收藏单位最重要的职责。

根据《文物保护法》第三十六条:"国务院文物行政部门应当建立国家一级文物藏品档案和其主管的国有文物收藏单位馆藏文物档案。""国家一级文物藏品档案"应包括所有博物馆、纪念馆、图书馆和其他文物收藏、保管单位的一级文物的信息。不论文物收藏单位是否国有,国家文物行政部门都应为一级文物建档,全面掌握文物的保存情况。只有这样,国家才能真正对重要的文化财产进行有效保护。

同理,根据《文物保护法》第三十六条:"县级以上地方人民政府文物行政部门应当分别建立本行政区域内的馆藏文物档案。""馆藏文物档案"应包括文物系统和其他系统国有馆藏文物的信息,还应包括非国有博物馆等馆藏文物的信息。

馆藏文物建立档案是一项系统工程,任务十分艰巨。文物行政部门应把它作为重点工作之一,常抓不懈。

二、馆藏文物分级与保管

区分馆藏文物的等级,是文物藏品保护和管理的重要基础工作之一。不考虑馆藏文物历史、艺术、科学价值高低,保存状况好坏,就无法对其进行科学、合理的保管。《文物保护法》第三十六条规定:"博物馆、图书馆和其他文物收藏单位对收藏的文物,必须区分文物等级,设置藏品档案,建立严格的管理制度,并报主管的文物行政部门备案。"区分馆藏文物的等级,是对文物藏品实行分级科学保护、依法管理的基础。

《文物保护法》第三条规定:"历史上各时代重要实物、艺术品、文献、手稿、图书资料、代表性实物等可移动文物,分为珍贵文物和一般文物;珍贵文物分为一级文物、二级文物、三级文物。"博物馆、纪念馆、图书馆和其他单位收藏的文物,绝大多数是可移动文物。这些文物中不仅有珍贵文物,也有一般文物。

区分馆藏文物的等级是专业性很强的工作。为了指导各博物馆和纪念馆等单位的馆藏文物定级工作，加强对文物藏品的分级管理，1987年2月，文化部颁发了《文物藏品定级标准》。文物藏品定级是专业工作，一般应由本馆专业人员来做。由于市、县级博物馆和纪念馆不可能有各类文物鉴定专家或专业人员，这给文物藏品定级带来了很大难度。为了做好此项工作，许多省、自治区、直辖市文物行政部门成立了文物鉴定组织，到各市、县巡回鉴定，取得了很大成绩。

区分馆藏文物等级的目的有以下几个。

第一，要按照区分的文物藏品级别，分级科学保管文物。对一级文物藏品，以及保密性藏品和材质贵重的文物藏品，应建立专库或专柜保管，其中有一些珍贵文物藏品还要在装入囊匣后，再入专库或专柜，真正做到重点保管，确保万无一失。对不具备收藏一级文物藏品的单位，其收藏的一级文物由省级文物行政部门指定具备收藏条件的单位代为收藏和保管。

第二，科学、合理利用不同级别文物藏品。区分文物等级是科学、合理利用文物的重要依据之一，也能使不同级别的文物藏品在研究、陈列展览、宣传等方面，各自发挥它们应有的作用。

第三，对不同级别的文物藏品要加强分级管理。珍贵文物藏品，即一、二、三级文物是国家重要的文化财产，应采取有效措施，加强保护管理，使其置于省级和国家文物行政部门的严格管理、监督之下，确保其没有损坏、流失，做到万无一失。

《文物保护法》第三十九条规定："国务院文物行政部门可以调拨全国的国有馆藏文物。省、自治区、直辖市人民政府文物行政部门可以调拨本行政区域内其主管的国有文物收藏单位馆藏文物；调拨国有馆藏一级文物，应当报国务院文物行政部门备案。"第四十条规定："国有文物收藏单位之间因举办展览、科学研究等需借用馆藏文物的，应当报主管的文物行政部门备案；借用馆藏一级文物的，应当经省、自治区、直辖市人民政府文物行政部门批准,并报国务院文物行政部门备案。"第四十一条规定:"已经建立馆藏文物档案的国有文物收藏单位,经省、自治区、直辖市人民政府文物行政部门批准,并报国务院文物行政部门备案,其馆藏文物可以在国有文物收藏单位之间交换。"第四十八条规定:"馆藏一级文物损毁的,应当报国务院文物行政部门核查处理。其他馆藏文物损毁的,应当报省、自治区、直辖市人民政府文物行政部门核查处理;省、自治区、直辖市人民政府文物行政部门应当将核查处理结果报国务院文物行政部门备案。"这些规定为妥善保管国有馆藏文物,提供了重要的法律依据。

国有馆藏一级文物档案记录了文物保存的单位。如果某件文物由一个国有文物收藏单位,调拨、交换到另一个国有文物收藏单位,它的保存单位及地点改变,与档案不符,则相关单位需要报国家文物行政部门备案,使国家文物行政部门了解文物新的保存单位和地点,同时在档案上加以注明,使它的保存单位和档案记载始终保持一致。

借用馆藏一级文物,虽不改变文物的收藏、保管单位,但使文物在一定时期离开了原保管单位。借用单位在展出时,是否具有保护馆藏一级文物安全的条件,是否能如期归还原保管单位等,都是国家文物行政部门需要对国有馆藏一级文物跟踪管理的内容,以防馆藏一级文物在借用的过程中流失。

国有馆藏一级文物损毁是严重事件。若出现一级文物损坏事件,则依法严肃处理,相关责任人应承担法律责任。

三、馆藏文物调拨与交换

国有博物馆等文物收藏单位依法保管的馆藏文物,均为国家所有。文物行政部门可以依法调拨、交换,任何保管单位和个人无权直接调拨、交换。《文物保护法》第三十九条规定:"国务院文物行政部门可以调拨全国的国有馆藏文物。省、自治区、直辖市人民政府文物行政部门可以调拨本行政区域内其主管的国有文物收藏单位馆藏文物；调拨国有馆藏一级文物，应当报国务院文物行政部门备案。"

1958年，中国历史博物馆在天安门广场东侧建成。出于"中国通史陈列"的筹建，以及全面修改的需要，经国务院批准，国家文物行政部门从全国各地国有博物馆等文物收藏单位，先后两次调拨给中国历史博物馆一些重要文物。1991年，陕西历史博物馆建成开放，为了筹备新馆陈列展览，经陕西省人民政府批准，陕西省文物行政部门从全省国有博物馆等文物收藏单位，调拨给陕西历史博物馆一批重要文物。1999年，河南博物院建成，为了陈列展览，河南省文物行政部门从全省各地国有博物馆等文物收藏单位，调拨给河南博物院一批重要文物。

根据《文物保护法》规定，国家文物行政部门可以调拨全国的国有博物馆等文物收藏单位的馆藏文物；省级文物行政部门可以调拨本行政区域内其主管的国有文物收藏单位的馆藏文物。上述规定的重要区别是，国家文物行政部门可以调拨全国所有国有馆藏文物，而不分国有馆藏文物是否由文物系统国有博物馆等文物收藏单位收藏。换言之，它可以调拨其他系统国有博物馆等文物收藏单位的馆藏文物。而省级文物行政部门则无权调拨文物系统以外国有文物收藏单位的馆藏文物，也不能调拨国家文物行政部门主管的国有博物馆等文物收藏单位的馆藏文物，只能调拨本行政区域内其主管的文物系统国有博物馆等文物收藏单位的馆藏文物。

《文物保护法》第三十九条还规定："国有文物收藏单位可以申请调拨国有馆藏文物。"根据这一规定，一方面，需要调入文物的单位，可根据本馆馆藏文物的状况，以及研究、陈列、展览的需要，向省级以上文物行政部门提出调拨馆藏文物申请；另一方面，一些单位若因馆藏文物数量多，或者对珍贵文物无保管条件，也可以向省级以上文物行政部门提出申请，请求把某些馆藏文物调拨给其他国有博物馆等文物收藏单位。这一规定，有利于调动国有博物馆等文物收藏单位对调拨馆藏文物的主动性，对国有馆藏文物的保管、利用是有积极意义的。

国有博物馆等文物收藏单位之间，可根据《文物保护法》第四十一条的规定，在馆藏文物方面进行馆际交换，以调剂余缺，互相支援，丰富馆藏。这种馆藏文物交换，应在双方协商的基础上，经文物行政部门批准后，依法进行。未建立馆藏文物档案的国有文物收藏单位，不得进行馆际馆藏文物交换。依法调拨、交换出馆和进馆的文物，应及时办理文物藏品注销或者入藏手续，及时登入文物藏品账，建立文物藏品档案，严防文物藏品在调拨、交换过程中出现损坏、丢失等问题。

四、健全馆藏文物管理制度与不得私自调取文物

国有博物馆、纪念馆、图书馆等文物收藏单位，收藏、保管着国家重要的文化财产。保管好馆藏义物，确保馆藏文物的安全，是文物收藏单位的重要职责。《文物保护法》第三十八条规定："文物收藏单位应当根据馆藏文物的保护需要，按照国家有关规定建立、健全管理制度，并报主管的文物行政部门备案。未经批准，任何单位或者个人不得调取馆藏文物。"

（一）健全馆藏文物管理制度

馆藏文物管理制度应反映馆藏文物的特点和保管工作的基本要求。国有博物馆、纪念馆等单位，大都根据本馆的情况和保护馆藏文物的需要，建立了管理制度，制定了管理办法。馆藏文物管理制度一般包括文物科学保管和保护馆藏文物安全等方面的内容。

馆藏文物科学保管是馆藏文物管理制度的重要组成部分，主要有馆藏文物的接收、分类、登账、编目、建档、鉴定、分级等制度。馆藏文物安全管理制度主要包括：馆藏文物出馆入馆规定、馆藏文物出库入库规定、馆藏文物提用规定、保管人员及有关人员出入库登记规定、馆藏文物库房管理规定，等等。馆藏文物库房是文物保存的重地，保

管工作应实行严格的岗位责任制,严守库房及馆藏文物的机密,未经批准,非文物库房保管人员不得进入库房;文物库房不接待参观;文物库房文物与文物藏品总登记账不得由同一人保管。馆藏文物提用和出库、入库的各种手续必须符合规定,必须有明确记载,由经办人和经手人签字。

总的来说,馆藏文物管理的基本制度已经建立。但随着博物馆的发展和馆藏文物安全形势的变化,有一些规定需要修改完善。相关部门应抓紧建立和健全各项制度,为馆藏文物管理提供强有力的制度保障,使馆藏文物管理、保护工作不断科学化、规范化。

国有博物馆、纪念馆等文物收藏单位制定的馆藏文物保护管理规定和办法,应依法向其主管文物行政部门备案,并在馆藏文物保护和管理工作中严格执行。

(二)不得私自调取文物

《文物保护法》第三十八条规定:"未经批准,任何单位或者个人不得调取馆藏文物。"国有文物收藏单位,应严格执行馆藏文物调取的有关规定,认真履行报批手续,对不符合规定的调取,应说明情况,不予批准。馆藏文物保管负责人和库房保管人员,对不按规定办理相关手续的调取,要坚决拒绝,严格把住馆藏文物出库关。

第四节 国有馆藏文物保护与利用

《文物保护法》第四十条规定:"国有文物收藏单位之间因举办展览、科学研究等需借用馆藏文物的,应当报主管的文物行政部门备案;借用馆藏一级文物的,应当同时报国务院文物行政部门备案。"

一、国有馆藏文物出借

国有文物收藏单位之间出借馆藏文物是常有的事,多数是为了陈列展览使用。某一博物馆、纪念馆或文物保管机构,在筹备某一专题陈列或临时展览时,有时会发现所需要的部分文物展品,本馆没有或不足,这时就需向其他收藏单位借用。待陈列展览结束后,要将借展的文物返还出借的收藏单位。各收藏单位之间相互借用和出借馆藏文物,既是在陈列展览方面的相互支援,又是一种文化交流,同时也更好地发挥了文物的作用。

国有文物收藏单位之间借用和出借馆藏文物,涉及几个重要问题:①收藏单位。国有文物收藏单位之间出借馆藏文物的行为,不改变馆藏文物的收藏单位。借用单位最终要将借用文物返还其收藏、保管单位。②借用期限。借用行为有期限,一般为短期借用。③档案。出借的馆藏文物必须是建立了馆藏文物档案的。⑤借用合同。借用和出借双方,必须签订借用合同。

我国对出借馆藏文物实行备案制度。出借馆藏文物的行为,应报国有文物收藏单位的主管文物行政部门备案。备案材料包括出借文物清单、出借期限、出借合同等。若出借馆藏一级文物,应由出借单位的主管文物行政部门逐级报国家文物行政部门备案。

借用馆藏文物的单位应做到:①依照合同约定的借用目的和文物用途,使用借用的文物;②负责妥善保护借用的文物;③负担对借用文物必要的维护费用;④非经出借的文物收藏单位同意,不得将借用的文物转借给其他单位使用;⑤在借用期造成文物损害的,应及时告知其收藏单位,并依合同规定赔偿;⑥借用期满后,按时归还借用文物,逾期不返还的,应负延期责任。

出借馆藏文物的单位应做到:①按时把出借的馆藏文物移交给借用单位;②告知借用单位借用文物的情况及保护要求;③对出借的馆藏文物,在借用期间,一般不得提前收回;④若因特殊情况,要提前收回出借的馆藏文物,则双方应协商解决,必要时应付给借用单位一定的损失费。

《文物保护法》第四十条还规定，将国有馆藏文物出借给非国有文物收藏单位举办展览，应当报省级文物行政部门批准，出借一级文物应报国家文物行政部门批准。这一规定说明：第一，国有馆藏文物只可借给非国有文物收藏单位举办展览，除此之外不得出借。第二，非国有文物收藏单位借用国有馆藏文物举办展览，必须具备确保文物安全的设施和条件。第三，应当把非国有文物收藏单位的资信材料、举办展览借用文物申请、文物清单、借用文物期限、借用合同等报省级文物行政部门批准。

此外，文物收藏单位之间借用文物举办展览，一般是短期借用。《文物保护法》第四十条规定："文物收藏单位之间借用文物的最长期限不得超过三年。"

二、国有馆藏文物复制

文物复制是一项科学性和技术工艺性都很强的工作。做好文物复制工作，可以为科研、教学、陈列、宣传等单位提供文物复制品，同时也能满足文物爱好、收藏者的需要，对弘扬祖国优秀传统文化有着重要的意义。

当前，文物复制工作的主要问题有两个：一是文物复制单位的资格未经省级文物行政部门认定；二是不具备文物复制条件的单位也在从事文物复制工作。因此，不少文物复制品粗制滥造，质量低劣，影响了文物复制品的声誉。

《文物保护法》第四十六条规定如下。

> 修复馆藏文物，不得改变馆藏文物的原状；复制、拍摄、拓印馆藏文物，不得对馆藏文物造成损害。具体管理办法由国务院制定。
>
> 不可移动文物的单体文物的修复、复制、拍摄、拓印，适用前款规定。

在文物复制、拍摄、拓印方面，相关单位也制定了一些规章制度或规范性文件，但这类文件有些已经不适用于当下发展。相关单位应根据多年来的文物复制经验，结合文物复制工作的开展情况和当前的科学技术水平，制定新的标准。

文物复制工作对技术工艺水平要求很高。只有严格按照科学要求和工艺流程制作文物复制品，才能保证文物复制品的质量。为了加强对文物复制工作的管理，国家文物局于2011年1月发布了《文物复制拓印管理办法》，明确规定："文物复制是指依照文物的体量、形制、质地、纹饰、文字、图案等历史信息，基本采用原技艺方法和工作流程，制作与原文物相同制品的活动；文物拓印是指在文物本体覆盖一定的材料，通过摹印文物上的纹饰、文字、图案等，制作拓片的活动。"

无论出于何种目的复制、拓印文物，相关单位都应当依法履行审批手续。文物复制、拓印报批材料包括文物的收藏单位或管理机构名称，文物名称、等级、时代、质地，文物来源或所处地点，文物照片，复制品、拓片用途及数量，复制、拓印方案，文物复制、拓印单位资质等级以及合同草案等内容。

文物收藏单位或管理机构与从事文物复制、拓印的单位签订的文物复制、拓印合同草案，应当包括合作各方的名称和地址，复制品或拓片的种类、数量、质量，复制或拓印的时间、地点及方法，文物安全责任，文物资料的交接和使用方式，有关知识产权的归属，复制品或拓片的交付，违约责任，争议解决办法等内容。需要指出的是，从事文物复制、拓印的单位，应当依法取得相应等级的资质证书。

复制文物的目的主要有两种：一是为进行陈列展览、开展科学研究；二是以销售为目的。复制目的不同，对文物复制品、拓片的管理要求也不相同。为陈列展览、科学研究等用途制作的文物复制品、拓片，应当予以登记并妥善保管，不得挪作他用。为销售等目的制作的文物复制品、拓片，应附有制作说明书。说明书内容应当包括文物名称、时代，文物收藏单位或管理机构名称，复制品、拓片的名称，复制或拓印单位名称，监制单位名称，制作时间，复制品或拓片数量编号。

无论复制文物的目的是什么,在复制、拓印文物时,要遵守的基本原则是不得对文物造成损坏。《文物复制拓印管理办法》第五条规定如下。

复制、拓印文物,不得对文物造成损害。

未依法区分等级的文物不得复制、拓印。因文物保存状况和文物本体特点不适宜复制、拓印的,不得复制、拓印。

为科学研究、陈列展览需要拓印文物的,元代及元代以前的,应当翻刻副版拓印;元代以后的,可以使用文物原件拓印。在文物原件上拓印的,禁止使用尖硬器具捶打。

批量制作文物复制品、拓片,不得使用文物原件。

文物复制是对不可再生的文化财产的复制,具有特殊性。因此,《文物复制拓印管理办法》规定:"利用文物原件进行复制、拓印应坚持少而精的原则,严格控制复制品、拓片数量。"

文物安全第一,国有博物馆等文物收藏单位和复制单位对被复制的文物的安全负有完全责任。文物复制必须在保证文物原件绝对安全和不损坏其价值的前提下进行,要采取必要的安全措施。未经文物行政主管部门同意,国有文物收藏单位或管理机构及其工作人员不得向任何单位或个人提供文物复制、拓印模具和技术资料。

三、国有馆藏文物拓印

拓印是获取和保存文物资料的一种传统方法。自古以来,用拓印的方法保存了许多珍贵史料,有些原物由于种种原因已不复存在,而拓印的拓片流传至今。拓印技术流传、发展到现代更加纯熟,拓印的对象及种类更加繁多。

国家文物局于2010年1月发布了《文物复制拓印管理办法》,对文物的复制和拓印等相关内容做了详细规定。本书在介绍"国有馆藏文物复制"时已经讲述了一些关于文物拓印的基本问题，在此只论述几个关键问题。

（一）拓印的对象

拓印的主要对象为石刻和馆藏文物的铭文、花纹等。我国自古以来就有立碑刻石的传统。这些古代石刻从不同的角度反映了我国古代政治、经济、军事、文化艺术、科学技术等方面的情况，是研究历史的宝贵实物资料。有些文字石刻是我国书法艺术中的瑰宝，有些画像石刻、石雕是我国绘画、雕塑艺术中的珍品。我国许多地区发现的大量古代岩画，是研究当时人们生产、生活、信仰、艺术等极为珍贵的实物资料。因此，拓印的主要对象为石刻，包括碑刻（文字、纹饰、图像）、雕像、摩崖石刻、岩画、墓志等。

实际上，拓印的对象很广。除石刻这一主要拓印对象外，常见的拓印对象还有一些古代器物上的文字、花纹等，如青铜器上的铭文、古代钱币的花纹等。有时出于研究需要，还会拓印器形。

（二）对石刻拓印的管理

我国石刻内容极其丰富，有些内容涉及我国疆域、外交、民族关系等。对这些石刻的拓印要严格控制，相关拓片禁止出售。文物部门要在调查研究的基础上，提出这方面的石刻名单。已有拓片的，应做好拓片保管工作，不允许再拓印。无拓片而又需要作为资料保存的，可经批准后拓印1~3份，由文物保护管理机构妥善保存，不得再拓印。国内有关单位需要相关拓片的，应经国家文物局批准。

石刻内容和图画为天文、地理、水文等科学资料，未经发表的碑刻、墓志铭、器物铭刻、岩画、画像石、画像砖、石雕、经幢和馆藏文物的金文、陶文等，要严格控制拓印，以保护我国重要文物的研究和出版权益。拓印的拓片禁止出售，也不能作为礼品赠送。如在国内外学术交流活动中，国内学术团体需对外赠送相关拓片的，应报省级以上文物行政部门批准。

上述禁止出售的拓片，也不许用翻刻的副版进行传拓出售。各地文物行政部门应加强监督，做好这部分岩画、碑刻、画像砖等文物的保护和拓片的管理工作。

2022年1月，国家文物局发布《关于加强石刻文物拓印管理的通知》（以下简称《通知》），要求全面加强监督管理，坚决遏制违法违规拓印、盗拓碑刻石刻文物，切实加强和规范碑刻石刻文物拓印管理，确保文物安全。

《通知》明确，严格限制碑刻石刻文物拓片销售。凡博物馆、文物保护管理机构售卖的碑刻石刻文物拓片应全部下架，并登记建档、严格保管；已经审批尚未实施拓印或者正在拓印的，应立即停止拓印，并重新严格审查。

《通知》要求，严禁用碑刻石刻文物拓片作为礼品馈赠。对辖区内文物博物馆单位现有的碑刻石刻文物拓片要进行登记建档。杜绝任何单位和个人用碑刻石刻文物拓片作为礼品馈赠。文物保管看护人员不得为违规拓印提供方便，任何机构和人员不得擅自向其他单位或个人提供文物拓印模具、技术资料。

此外，各地文物行政部门要主动会同公安机关，将盗拓碑刻石刻文物行为纳入打击防范文物犯罪专项行动，严厉打击、严格防范盗窃、盗割、盗拓碑刻石刻文物等违法犯罪行为。落实文物安全责任和管理措施，加强物防技防手段，加大巡查检查力度，守牢文物安全红线、底线和生命线。

第五节　国有馆藏文物安全制度

博物馆等文物收藏单位是收藏国家重要文化财产的主要场所。确保馆藏文物安全，是博物馆等文物收藏单位的头等大事。博物馆法定代表人对馆藏文物的安全负责。为了确保文物安全，相关单位应建立健全馆藏文物安全制度。

一、建立馆藏文物交接责任制

在国有博物馆等文物收藏单位，出于科研、陈列展览、宣传等目的提取馆藏文物是经常性的工作。在提取文物的过程中，文物出库、入库、交接等都应按规定进行。这里所谓馆藏文物移交，一是指馆藏文物保管人员离任时的馆藏文物移交，二是博物馆等文物收藏单位法人代表离任时的馆藏文物移交。它们都是馆藏文物管理制度的一部分。

（一）保管人员离任时的馆藏文物移交工作

国有博物馆等文物收藏单位，无论是否设有专门的馆藏文物保管部门，都设有专门的保管人员。他们直接负责馆藏文物保管工作，了解馆藏文物保管情况，如馆藏文物的类别、级别、数量、保存状况等。

保管人员离任时，要进行交接工作。这种交接，既是保管工作的交接，更是对文物、文物藏品账、文物藏品档案的交接。在交接过程中，交接的核心是确定馆藏文物与文物藏品账相符。只有在此基础上，才能办理其他交接手续。

许多国有博物馆等文物收藏单位，针对交接工作制定了相应的规定，并结合工作经验，不断完善馆藏文物和文物藏品账保管人员离任时的移交规定。至于尚未建立这一制度的博物馆等文物收藏单位，应根据本收藏单位馆藏文物及保管情况，抓紧制定保管人员离任时的馆藏文物移交办法。文物收藏单位负责人对馆藏文物移交负有重大责任，应负责组织和安排好馆藏文物和文物藏品账的移交工作。

（二）法定代表人离任时的文物移交手续

文物收藏单位法定代表人离任，应办理馆藏文物移交手续，这是《文物保护法》的规定。《文物保护法》第三十八条规定："文物收藏单位的法定代表人对馆藏文物的安全负责。国有文物收藏单位的法定代表人离任时,应当按照馆藏文物档案办理馆藏文物移交手续。"

国有博物馆等文物收藏单位的法定代表人是馆藏文物安全的第一责任人,对馆藏文物的安全负全责。法定代表人离任时应向新的法定代表人移交馆藏文物。

如何移交馆藏文物?《文物保护法》规定"应当按照馆藏文物档案办理馆藏文物移交手续"。这表明,国有文物收藏单位的法定代表人离任时要履行相应的手续,不是笼统地移交馆藏文物总数或各类、各级馆藏文物数字,不是进行单纯的馆藏文物档案移交,而是按照馆藏文物档案办理馆藏文物移交手续。因此,建立相应机制是亟待解决的问题。

为了建立一种既可行又有实效的管理制度,相关单位应从博物馆等文物收藏单位的实际出发,研究、制定一项专门法规。相关单位可根据不同情况,分出层次,区别对待,做出规定。总的精神是将按照馆藏文物档案办理馆藏文物移交手续与按照馆藏文物档案移交馆藏文物相结合。例如:对小型博物馆或馆藏文物在 1 万件以下的,按照文物档案移交馆藏文物;对中型以上博物馆或馆藏文物在 10 万件以上的,按照馆藏文物档案,移交一、二、三级文物,抽查其他馆藏文物;对大型博物馆或馆藏文物在 20 万件以上的,按照馆藏文物档案,移交一、二级文物,抽查三级文物和一般文物。在此基础上,再按照馆藏文物档案办理馆藏文物移交手续,签署移交文件。

二、完善文物库房安全设施

国有博物馆文物库房以及陈列室、展厅,是国家必须严加防护的重要部门之一。馆藏文物应有固定的、专用的库房,并设专人保管。馆藏文物,特别是珍贵文物是无价之宝,具有很高的历史、艺术、科学价值,损坏、被盗都会给国家文化财产造成不可挽回的损失。因此，国有博物馆等文物收藏单位所在地人民政府，应负责国有博物馆等文物收藏单位的文物库房建设，设置安全保护设施。

《文物保护法》第四十七条规定："博物馆、图书馆和其他收藏文物的单位应当按照国家有关规定配备防火、防盗、防自然损坏的设施，确保馆藏文物的安全。"博物馆等文物收藏单位的文物库房等建筑和保护设施以及保管设备，要求安全、坚固、适用，应有防火、防盗、防潮、防虫、防尘、防光（紫外线）、防震、防空气污染等设备和设施。文物藏品风险单位应按照风险等级对技术防范设施的要求，建设展厅、库房等。同时，在文物库房内及其附近，禁止存放易燃、易爆等会危及文物安全的物品，严禁烟火。另外，还应留出消防通道，以备不时之需。

三、严防馆藏文物损毁与被盗

国有博物馆等文物收藏单位，在文物保管、研究、陈列展览、宣传等业务活动中，在馆藏文物调拨、交换、出借的过程中，在馆藏文物复制、拍摄、拓印中，都要按规定采取有效措施，确保文物安全。

国有博物馆等文物收藏单位，应设立保卫组织，其他文物收藏单位应设专职保卫干部，安全保卫要贯彻"预防为主，确保重点"的方针。相关单位应运用现代科学技术手段，确保库房馆藏文物和陈列室展出文物的安全，如使用两种或多种报警设备。同时，相关单位应安装电视监控、录像设备等，形成完整、有效的安全监控系统，确保文物的安全。

在涉及搬动、触摸文物的活动中，工作人员必须按规定和操作规范执行，必须保证文物的安全。

《文物保护法》第四十八条规定如下。

馆藏一级文物损毁的，应当报国务院文物行政部门核查处理。其他馆藏文物损毁的，应当报省、自治区、直辖市人民政府文物行政部门核查处理；省、自治区、直辖市人民政府文物行政部门应当将核查处理结果报国务院文物行政部门备案。

馆藏文物被盗、被抢或者丢失的，文物收藏单位应当立即向公安机关报案，并同时向主管的文物行政部门报告。

国家文物局曾多次发出通知，要求在文物被盗、被抢后限时报案和报告，但一些文物收藏单位在文物被盗、被抢或者丢失后，迟迟不向公安机关报案，不报告文物行政部门。分析起来，原因主要有以下几个：①怕被追究责任；②怕影响政绩；③怕影响政府的形象；等等。这不是实事求是的态度，馆藏文物被盗、被抢或丢失已是客观事实，文物收藏单位的相关人员不应有侥幸心理，不应隐瞒不报，而应当采取积极态度，亡羊补牢，及时报案，为破案创造良机。

综上所述，无论是从国家利益出发，还是从单位或个人利益出发，都应严格执行上述法律规定，为保护我国馆藏文物尽一分力量。

四、禁止出售馆藏文物与法律责任

国有博物馆、图书馆等文物收藏单位收藏的文物，是国家重要的文化财产。《文物保护法》第五条规定如下。

中华人民共和国境内地下、内水和领海中遗存的一切文物，属于国家所有。

古文化遗址、古墓葬、石窟寺属于国家所有。国家指定保护的纪念建筑物、古建筑、石刻、壁画、近代现代代表性建筑等不可移动文物，除国家另有规定的以外，属于国家所有。

国有不可移动文物的所有权不因其所依附的土地所有权或者使用权的改变而改变。

下列可移动文物，属于国家所有：

（一）中国境内出土的文物，国家另有规定的除外；

（二）国有文物收藏单位以及其他国家机关、部队和国有企业、事业组织等收藏、保管的文物；

（三）国家征集、购买的文物；

（四）公民、法人和其他组织捐赠给国家的文物；

（五）法律规定属于国家所有的其他文物。

属于国家所有的可移动文物的所有权不因其保管、收藏单位的终止或者变更而改变。

国有文物所有权受法律保护，不容侵犯。

国有博物馆、纪念馆、图书馆等文物收藏单位，是法律规定的国有文物收藏、保管单位，他们对自己收藏、保管的馆藏文物，有保管、利用和因利用获得收益的权利。馆藏文物不属于本单位所有，本单位没有处分权，没有出售和私自馈赠馆藏文物的权利。《文物保护法》第四十四条规定："禁止国有文物收藏单位将馆藏文物赠与、出租或者出售给其他单位、个人。"

此外，刑法也为国有馆藏文物所有权不受侵犯提供了重要的保障。《中华人民共和国刑法》第三百二十七条规定："违反文物保护法规，国有博物馆、图书馆等单位将国家保护的文物藏品出售或者私自送给非国有单位或者个人的，对单位判处罚金，并对其直接负责的主管人员和其他直接责任人员，处三年以下有期徒刑或者拘役。"

第四章　文物保护单位和历史文化名城保护制度

第一节　公布文物保护单位

文物保护单位是由人民政府按照法律程序核定公布的。文物保护单位的等级，主要根据它本身的历史、艺术、科学价值的高低和作用（影响）的大小来确定。因此，相关责任人应对本行政区域内的不可移动文物的存在和分布情况进行调查或进行文物普查，了解文物底码，研究它们的历史、艺术、科学价值。相关责任人既要了解当地的历史和文物情况，也要了解中国历史和全国文物的概况，以及当地文物在全省、全国所占的位置。这样，才能比较文物的价值和重要性，提出与它相应的文物保护单位级别的建议。

《文物保护法》第十三条规定如下。

国务院文物行政部门在省级、市、县级文物保护单位中，选择具有重大历史、艺术、科学价值的确定为全国重点文物保护单位，或者直接确定为全国重点文物保护单位，报国务院核定公布。

省级文物保护单位，由省、自治区、直辖市人民政府核定公布，并报国务院备案。

市级和县级文物保护单位，分别由设区的市、自治州和县级人民政府核定公布，并报省、自治区、直辖市人民政府备案。

尚未核定公布为文物保护单位的不可移动文物，由县级人民政府文物行政部门予以登记并公布。

市、县级文物保护单位是省级文物保护单位和全国重点文物保护单位的基础。省级文物保护单位和全国重点文物保护单位，分别从市、县级和各级文物保护单位中选择价值重大者组成。因此，全国重点文物保护单位同时也是省级和市、县级文物保护单位，在保护管理的要求上，应按照该不可移动文物最高的保护单位级别进行保护管理。

市、县级文物保护单位由设区的市、自治州和县、自治县文物行政部门在文物调查的基础上，拟写具有重要的历史、艺术、科学价值的不可移动文物的建议名单，报市级和县级人民政府核定公布，再报省级人民政府备案。

省级文物保护单位由省级文物行政部门从市、县级文物保护单位中选择具有重要历史、艺术、科学价值的不可移动文物，以及文物普查中新发现的重要文物，一并进行研究、比较、平衡，提出省级文物保护单位初步建议名单，征求有关方面意见，组织专家学者进行评审，最后形成正式名单，报省级人民政府核定，并报国务院备案。

全国重点文物保护单位由国家文物行政部门在省级文物保护单位中选择具有特别重要历史、艺术、科学价值的不可移动文物，拟出名单，征求有关部门的意见，组织有关专家学者评审，经调整后形成正式名单，连同直接指定的全国重点文物保护单位，报国务院核定公布。全国重点文物保护单位的申报原则为：价值优先、突出重点、确保质量，坚持真实性和完整性。到目前为止，我国已公布了八批全国重点文物保护单位名单。

第二节 文物保护单位的保护制度和原则

一、文物保护单位的保护制度

（一）纳入城乡建设规划

在进行城乡建设规划时，把文物保护单位纳入城乡建设规划，是对文物保护单位实施有计划保护和科学管理的重要制度。它可以使文物保护单位在城乡建设中免遭破坏，同时可以增加城镇的历史文化色彩，对建设有中国特色的城镇有重要意义。

《文物保护法》第十六条规定："各级人民政府制定城乡建设规划，应当根据文物保护的需要，事先由城乡建设规划部门会同文物行政部门商定对本行政区域内各级文物保护单位的保护措施，并纳入规划。"这是把文物保护单位纳入城乡建设规划加以保护的重要法律依据。

为了做好把文物保护单位纳入城乡建设规划的工作，城乡规划部门与文物行政部门应统一认识，加强联系，密切合作。具体而言，相关部门应共同掌握文物保护单位的数量、分布、规模、价值等资料，共同研究，提出保护规划意见，并进行论证后，将其纳入城乡建设规划。

（二）在保护范围内不得进行其他建设工程

在文物保护单位的保护范围内不得进行其他建设工程。《文物保护法》第十七条规定如下。

文物保护单位的保护范围内不得进行其他建设工程或者爆破、钻探、挖掘

等作业。但是，因特殊情况需要在文物保护单位的保护范围内进行其他建设工程或者爆破、钻探、挖掘等作业的，必须保证文物保护单位的安全，并经核定公布该文物保护单位的人民政府批准，在批准前应当征得上一级人民政府文物行政部门同意；在全国重点文物保护单位的保护范围内进行其他建设工程或者爆破、钻探、挖掘等作业的，必须经省、自治区、直辖市人民政府批准，在批准前应当征得国务院文物行政部门同意。

法规中的"特殊情况需要"，应是关系到国计民生全局和国家长远利益的建设项目或者作业，不能把一般建设工程或某个局部的建设项目或者作业需要称为特殊需要。属于"特殊情况需要"的建设项目或者作业，必须按照规定的程序报经批准。

对于属于"特殊情况需要"的建设项目或者作业，《文物保护法》之所以规定了严格的批准程序，表明在保护祖国文化遗产这一重大问题上，必须慎重处理，严格把关，以免造成不可弥补的损失。因此，在执行这一规定时，法律程序决不可简化，上述同意、批准机关缺一不可，否则不具备法律效力。同时，在批准时，要对文物保护单位采取保护措施，作出既有利于文物保护，又有利于基本建设的决策。

近些年来，有些地方未经法定程序批准，违反《文物保护法》，在全国文物保护单位保护范围或建设控制地带，修建了游乐场所、宾馆饭店、商场等，严重破坏了人文环境和自然环境，破坏了文物保护单位的完整性。这些违法或违章的建设项目，就是从眼前利益出发的工程，不属于"特殊情况需要"。

为了防止对文物保护单位造成污染，《文物保护法》第十九条规定："在文物保护单位的保护范围和建设控制地带内，不得建设污染文物保护单位及其环境的设施，不得进行可能影响文物保护单位安全及其环境的活动。对已有的污染文物保护单位及其环境的设施，应当限期治理。"这是一条新的规定。

废气、粉尘、废水等会对文物保护单位及其环境造成污染，如水泥厂的粉尘会对文物保护单位及其环境造成污染,严重的会损坏文物。据报道,乐山大佛附近的水泥厂、化工厂等十余家企业的废气、废水对乐山大佛造成污染、损害,其中有的不在乐山大佛保护范围和建设控制地带,但它们造成的大气污染依然会损坏乐山大佛。

废气、粉尘、废水等污染了文物保护单位及其环境,造成文物保护单位参观游览场所的污染,对参观游览者的身心也是一种伤害。因此,使文物保护单位及其环境不受污染,是我国重要的法律政策。

(三)保持文物保护单位的文化用途

文物保护单位中的古建筑、纪念建筑物、近代现代代表性建筑、石窟寺、石刻、古墓葬等,具有重要的历史、艺术和科学价值。其中,相当部分有很强的观赏性,可供人们参观、游览、欣赏。这是文物保护单位重要的文化用途。

《文物保护法》第四条规定如下。

> 文物工作贯彻保护为主、抢救第一、合理利用、加强管理的方针。

《文物保护法》第二十三条规定如下。

> 核定为文物保护单位的属于国家所有的纪念建筑物或者古建筑,除可以建立博物馆、保管所或者辟为参观游览场所外,作其他用途的,市、县级文物保护单位应当经核定公布该文物保护单位的人民政府文物行政部门征得上一级文物行政部门同意后,报核定公布该文物保护单位的人民政府批准;省级文物保护单位应当经核定公布该文物保护单位的省级人民政府的文物行政部门审核同意后,报该省级人民政府批准;全国重点文物保护单位作其他用途的,应当由省、自治区、直辖市人民政府报国务院批准。国有未核定为文物保护单位的不可移动文物作其他用途的,应当报告县级人民政府文物行政部门。

《文物保护法》第二十四条规定如下。

> 国有不可移动文物不得转让、抵押。建立博物馆、保管所或者辟为参观游

览场所的国有文物保护单位，不得作为企业资产经营。

基于以上法律条文，我国对建筑物、古建筑的合理利用方式主要有以下两种。

一是建立博物馆、保管所。实践证明，这是正确的，是符合我国这样一个发展中国家的国情的。这些文物事业机构作为公益性事业单位，在长期的文物保护、维修、研究、宣传等工作中做了大量工作，为保护、宣传这些不可移动文物做出了贡献，也积累了合理利用的丰富经验。在纪念建筑物或古建筑内建立博物馆，符合它们的文化属性与特点，这样的博物馆比一般的博物馆有更多的参观内容，也能提高人们的游览兴趣。文物保管所既是保护、管理纪念建筑物和古建筑的专门机构，又是合理利用该文物保护单位、负责该参观游览场所管理工作的机构。

二是辟为参观游览场所。这是由它们的文化属性和文化用途决定的。各级文物保护单位，是我国几十万处不可移动文物中各类文物的代表，大都具有代表性或典型性，是中国重要的文化遗产。

在我国的古建筑中，不少与名山大川、优美风景联系在一起。它们不仅具有历史、艺术、科学价值，而且也具有很强的观赏价值。把它们辟为参观游览场所，既可以让游客感到轻松、愉悦，又能让使他们了解中国的优秀传统文化，在参观游览中陶冶情操。

将古建筑、纪念建筑物辟为参观游览场所，其性质为文化遗产参观游览地，不同于其他娱乐场所。因此，相关单位要特别注意保护这些不可移动文物的原状和周围的环境风貌。那种改变文物原状，破坏其周围环境风貌的做法，既违反了《文物保护法》的规定，又使相关文物在一定程度上失去了原有的特性和价值。没有特色的文化遗产参观游览场所是没有优势的，对参观游览者来说是缺乏真正吸引力的。

需要注意的是，并不是所有的古建筑、纪念建筑物都可以被辟为参观游览场所。相关单位应根据它本身的特点和具体情况，把文物安全放在首位。可以开放并具备参观条件的，应当根据其级别，报同级文物行政部门批示。

除此之外，文物保护单位还存在"其他用途"。所谓其他用途，即把纪念建筑物或者古建筑等文物保护单位作为上述两种性质利用以外的用途。按照《文物保护法》的规定，这种用途的改变，如确属必须，应报经批准。

纪念建筑物或者古建筑等文物保护单位，如果必须用作其他用途，必须按照《文物保护法》规定的内容和程序报经批准。这些规定是为了保证文物保护单位不被一些单位或部门任意占用，也是为了保障文物保护单位的安全和国家文化财产不受侵害。因此，不能简化内容和法定程序。

《文物保护法》第二十六条规定："使用不可移动文物，必须遵守不改变文物原状的原则，负责保护建筑物及其附属文物的安全，不得损毁、改建、添建或者拆除不可移动文物。"不可移动文物使用人应严格遵守这些规定，承担保护责任，履行保护义务。文物行政部门应负责检查监督，加强管理。

（四）不得转让、抵押与经营

文物保护单位是不可移动文物中具有重要的历史、艺术、科学价值的部分，是国家重要的文化遗产。国有文物的公众性和公益性主要体现为文物的文化功用为公众享有。

文物的文化作用体现在文物的各个方面。辟为参观游览场所只是具有观赏性的纪念建筑物、古建筑、石窟寺等发挥作用的一种体现。有些地方不加区别，把文物保护单位能否开放参观，作为衡量它是否被合理利用的唯一标准，这是对合理利用、发挥文物作用的曲解。

《文物保护法》第十条规定："国有博物馆、纪念馆、文物保护单位等的事业性收入，专门用于文物保护，任何单位或者个人不得侵占、挪用。"这一规定：一是明确了国有博物馆、纪念馆、文物保护单位的事业性收入的性质，门票收入是这些单位事业性收入的重要组成部分，从而明确了门票收入性质是事业性收入，不是经营问题。二是事业性收入专门用于文物保护，是增加文物保护经费的重要渠道之一，如用于文物的科技保护、保养、修缮等，不能作为企业组织收入，由企业组织支配。三是对这些单位的事业性收入，任何单位或个人不得侵占、挪用。如把门票划给企业组织经营，不仅改变了门票收入的性质，也必然会造成企业组织侵占、挪用。

《文物保护法》在总则第五条规定："国有文物所有权受法律保护，不容侵犯。"第十条也有相应规定。在第二十四条又进一步做出了明确的禁止性规定："国有不可移动文物不得转让、抵押。建立博物馆、保管所或者辟为参观游览场所的国有文物保护单位，不得作为企业资产经营。"这些规定，为保护国有不可移动文物的所有权不受侵犯，文物不遭破坏，国有文化财产不致流失提供了重要的法律保障。

此外，《文物保护法》对非国有不可移动文物的转让、抵押和改变用途，在第二十五条做出了明确规定："非国有不可移动文物不得转让、抵押给外国人。""非国有不可移动文物转让、抵押或者改变用途的，应当根据其级别报相应的文物行政部门备案。"非国有的全国重点文物保护单位、省级文物保护单位和市、县级文物保护单位，应分别报国家文物行政部门、省级文物行政部门和市、县级文物行政部门备案，以加强对非国有不可移动文物的管理。

二、文物保护单位的保护原则

（一）原址保护和迁移保护原则

原址保护是保护不可移动文物的一个重要原则。不可移动文物的产生和形成，与周围人文和自然环境紧密相连，构成一个整体，蕴含着诸多历史、文化、科学信息。它在某地的产生和形成不是偶然的，或与社会历史发展，或与政治、经济、军事、科学技术、民族、宗教等某些方面有不可分割的联系。

原址保护可以把不可移动文物的历史、艺术、科学价值和各种文化信息比较完整地保存下来，对于文物研究和发挥文物作用有非常重要的意义。以一处与重大历史事件有关的、具有重要纪念意义的近代史迹为例，在当时的环境和条件下，选择它作为领导机关地址或会议地址是有复杂原因的。如果把它移往他处，自然环境和人文环境都改变了，就会影响它的历史价值，不能很好地体现它在当时所起的作用。因此，原址保护不可移动文物有利于保护历史的真实性、保存文化科学信息的完整性。在我国的现代化建设事业中，建设工程经常涉及文物保护单位及其他不可移动文物的问题，相关单位需要依据有关法律规定，处理好建设工程与文物保护的关系。《文物保护法》第二十条规定如下。

建设工程选址，应当尽可能避开不可移动文物；因特殊情况不能避开的，对文物保护单位应当尽可能实施原址保护。

实施原址保护的，建设单位应当事先确定保护措施，根据文物保护单位的级别报相应的文物行政部门批准；未经批准的，不得开工建设。

无法实施原址保护，必须迁移异地保护或者拆除的，应当报省、自治区、直辖市人民政府批准；迁移或者拆除省级文物保护单位的，批准前须征得国务院文物行政部门同意。全国重点文物保护单位不得拆除；需要迁移的，须由省、自治区、直辖市人民政府报国务院批准。

依照前款规定拆除的国有不可移动文物中具有收藏价值的壁画、雕塑、建筑构件等，由文物行政部门指定的文物收藏单位收藏。

本条规定的原址保护、迁移、拆除所需费用，由建设单位列入建设工程预算。

我国在处理建设工程与文物保护关系方面有许多好的做法，积累了丰富经验，也形成了一套基本处理办法——需要文物行政部门与建设单位共同努力。

文物行政部门方面：一是向相关部门提供不可移动文物及文物保护单位资料；二是

对选址提出建议或参与论证;三是共同研究有关保护措施,特别是如对必须另行选址的,应提出明确意见。

建设单位方面:在选址时,要注意在选址范围内是否有不可移动文物或文物保护单位,该建设工程对不可移动文物或文物保护单位可能带来什么影响,并由此考虑该工程能否在此选址。这些问题在建设工程选址和论证阶段就应加以解决。如选址可以确定,在可行性研究阶段或工程设计阶段,应把保护不可移动文物或文物保护单位的措施列入可行性研究报告或设计任务书中。那种不考虑保护不可移动文物或文物保护单位,匆忙选址、设计甚至草率开工的工作,不仅有可能损害文物,而且也会使工程自身蒙受巨大损失。比如工程进行一半时,被相关部门责令另行选址,则建设单位要承担各种损失。

建设工程选址避开不可移动文物的事例很多。如有一项建设项目原拟在河南偃师尸乡沟一带建设,经勘探,在工程选址发现了湮没在地下的商代早期城址,面积有190余万平方米。为了保护该古城址,原拟在该处建设的项目,移出了古城址,避开了该处不可移动文物。1988年,该古城址被公布为全国重点文物保护单位。又如,湖北大冶铜绿山古铜矿遗址,仍有很大开采价值,有人认为可以对遗址迁移保护,但经过考察和反复论证,为了保护这处全国重点文物保护单位,相关部门决定停止开采铜矿矿石,实行原址保护。该地现已建成遗址博物馆。此外,修建公路、铁路时避开文物保护单位,或者对新发现的不可移动文物实施原址保护的事例很多,在此不再赘述。

迁移文物保护单位是在无法实施原址保护的情况下采取的一种保护措施,但不是什么工程都可以迁移。为了保证文物保护单位不被任意迁移或者拆除,相关建设单位应按照《文物保护法》第二十条的规定,严格办理相关手续。

迁移或者拆除的文物保护单位主要是古建筑、纪念建筑物、近代现代代表性建筑和石刻等,应是建设工程特别需要,否则,会使它们毁坏、消失。如因修建黄河三门峡水库,把处于水库淹没区的元代建筑永乐宫(内有巨幅元代壁画)迁至芮城县城以北;长江三峡大坝建成后,对处于淹没区的一些古建筑需要事先进行迁移保护,等等。

按照法定程序报经批准迁移或拆除的文物保护单位,文物行政部门应及时组织专业技术人员,对迁移或拆除的古建筑、纪念建筑物等认真做好详细的文字记录,实测平面图、立面图、剖面图、结构图、大样图,拍摄各种资料,临摹壁画等。在拆除过程中,要认真做好各种构件的编号、登记、拍照与拆除记录等工作,分类码放构件。迁移的古建筑、纪念建筑物等,要选好新址,按原来的布局、建筑结构和形式,并尽可能利用原来的主要构件,重新复原修建。拆除后不在异地复原修建的,其建筑构件、艺术品、附属文物如碑碣、匾额、楹联等,应由文物行政部门指定的国有文物收藏单位收藏。

《文物保护法》第二十条还明确规定:"本条规定的原址保护、迁移、拆除所需费用,由建设单位列入建设工程预算。"这为解决原址保护、迁移、拆除文物保护单位及不可移动文物所需经费,提供了重要的法律依据。

(二)保持文物原状原则

保持文物原状,强调保护文物的真实性,保护它所含有的各种信息的科学性和完整性。文物具有历史、艺术、科学价值,这些价值都包含在文物的原状之中,如果改变了文物的原状,就改变了文物包含的信息,也改变了文物的原有价值,甚至会向人们传递某种错误信息。因此,保持文物原状,是文物保护、维修、修缮、迁移过程中必须遵守的一个重要原则。

《文物保护法》第二十一条规定:"对不可移动文物进行修缮、保养、迁移,必须遵守不改变文物原状的原则。"什么是不可移动文物的原状?如何保持原状?这些都是文物保护工作中经常涉及的问题。

总的来说,不可移动文物原状的内容主要包括:①文物规模(或范围)和布局(或分布)及其相互关系;②文物的建筑结构、形式、法式以及主要材料;③文物的形式、内容和艺术手法;④文物周围的地形、地貌、自然环境和历史人文环境等。这并不是说,每处不可移动文物的原状都要具有这四个方面的内容,具体情况要根据每处文物的特殊性来研究确定。

《文物保护法》第二十一条规定:"对文物保护单位进行修缮,应当根据文物保护单位的级别报相应的文物行政部门批准;对未核定为文物保护单位的不可移动文物进行修缮,应当报登记的县级人民政府文物行政部门批准。"据此,全国重点文物保护单位的修缮方案、设计应报国家文物行政部门批准。

近些年来,一些地方花巨资在已全部毁坏的不可移动文物原址上,修建了布局、结构、体量、高度、形式、色调等与原建筑物相似的新建筑,这些实际上是新的仿古建筑。这种工程把有历史和科学价值的不可移动文物原址即文化遗址破坏了,使遗址失去了原有价值和保护价值。

为了更好地保护文物的原状,《文物保护法》第二十二条明确规定:"不可移动文物已经全部毁坏的,应当实施遗址保护,不得在原址重建。但是,因特殊情况需要在原址重建的,由省、自治区、直辖市人民政府文物行政部门报省、自治区、直辖市人民政府批准;全国重点文物保护单位需要在原址重建的,由省、自治区、直辖市人民政府报国务院批准。"

第三节　文物保护单位的保护措施

划定保护范围、做出标志说明、建立记录档案、设立保管机构或由专人保管等,是文物保护单位常用的保护措施。《文物保护法》第十五条规定:"各级文物保护单位,分别由省、自治区、直辖市人民政府和市、县级人民政府划定必要的保护范围,作出标志说明,建立记录档案,并区别情况分别设置专门机构或者专人负责管理。全国重点文物保护单位的保护范围和记录档案，由省、自治区、直辖市人民政府文物行政部门报国务院文物行政部门备案。"这为文物保护单位的工作提供了重要的标准。

一、划定保护范围

保护范围是在文物保护单位之外划出的一定区域，以保护文物保护单位的安全和它周围的环境风貌（人文和自然环境风貌）不受破坏。

文物保护的范围，根据文物保护单位的类别、规模、内容以及周围环境的历史和现实情况合理划定，并在文物保护单位本体之外保持一定的安全距离，确保文物保护单位的真实性和完整性。一般分为重点保护区和一般保护区。

重点保护区也称安全保护区，是为保护一处不可移动文物本身安全而划定的。一般保护区也称为影响范围，其面积大于重点保护区。划定一般保护区的目的是：保护古遗址和古墓葬的一般遗存；保护古建筑、石窟寺、纪念建筑、近代现代代表性建筑和民族风格建筑等的环境风貌，以及重点保护区之外的文化史迹，以利于保护、研究、游览或观赏。

单体文物，如独立存在的石碑、经幢等，也可只划一个的保护范围，但应注意保护环境风貌。

划定保护范围的原则，是保证不可移动文物的完整性，并在保护单位之外留出一定的安全距离。所谓保证不可移动文物的完整性，是指保证古建筑、石窟寺、纪念建筑、近代现代代表性建筑和民族风格建筑等不可移动文物的单体、群体及其附属建筑的完整性；保证古遗址的文化堆积和相关的遗迹现象，古墓葬封土或者已经探明的古墓葬、古墓群及陵园、其他地面建筑等的完整性；保证石刻、碑碣、经幢及其他文物的单体、群体和相关的遗迹等的完整性。

法律规定，文物保护单位的保护范围是由政府划定的。在实际工作中，常常是由文物行政部门和文物机构负责，相关工作人员进行调查研究，征求有关部门意见，形成相对成熟的方案，再报人民政府审批并公布。全国重点文物保护单位和省级文物保护单位的保护范围，由省、自治区、直辖市人民政府批准，由相关文物行政部门报国家文物行政部门备案。经批准划定的保护范围具有法律效力，是保护管理的重要依据，任何单位和个人都应遵守并执行保护要求，违反者要承担法律责任。

二、树立保护标志和说明牌

文物保护单位应树立保护标志和说明牌，使人们从标志内容中了解该处文物保护单位的级别、名称、公布机关等，从而明确该处文物受国家保护；从说明牌内容了解该处文物建造形成的时代，以及它的历史、艺术、科学等方面的价值。

文物保护单位树立保护标志，是《文物保护法》的法律规定，也是田野文物保护的基本手段，同时还是各级文物部门必须开展的"四有"（有保护标志，有保护范围，有保护组织，有保护档案）工作之一。《文物保护法》第十五条明确规定："各级文物保护单位，分别由省、自治区、直辖市人民政府和市、县级人民政府划定必要的保护范围，作出标志说明，建立记录档案，并区别情况分别设置专门机构或者专人负责管理。全国重点文物保护单位的保护范围和记录档案，由省、自治区、直辖市人民政府文物行政部门报国务院文物行政部门备案。"

保护标志内容为：文物保护单位级别、名称、公布机关、公布日期、树标单位。其中全国重点文物保护单位的标志应由省、自治区、直辖市人民政府树立。保护标志形式为长方形，横匾式，横竖比例一般为3∶2，最大者为1.5米×1米，最小者为0.6米×0.4米。标志牌尺寸的大小，可以根据文物保护单位具体情况确定。

保护标志书写字体：文物保护单位名称一般用仿宋字体，或用楷书、隶书，其他内容一律用仿宋字体，以便人们识读。字体一般不用行书、草书和篆书。所有文字均用规范简化汉字，从左到右横排。

保护标志的材质：应采用石材等坚固的材料。置于野外，容易损坏的大型标志，不应用木制。

标志一般应树立在人们易见处。范围较大的文物保护单位，或点多、线长的文物保护单位，可树立若干分标志，也可以根据实际需要，树立若干坚固耐久的保护范围界桩。标志的形式可因地制宜，有立柱式、坐式、镶嵌式等，以坚固为原则，高度以适合一般人的视线为宜。

文物保护单位的说明，可以书写在保护标志的背面，也可以另立说明牌。说明文字主要介绍文物保护单位的名称、时代、性质、内容、价值、保护范围等。全国重点文物保护单位的说明内容应经省级文物行政部门审定。

三、建立记录档案

记录档案是用各种方式或手段记载文物保护单位的科学资料，主要包括对文物保护单位本身的记录和有关文献史料。记录档案从性质和内容上，可分为科学技术资料和行政管理文件；从时间上，可分为当代和历史两部分；从形式上，有文字、绘图、拓片、摹本、摄影（照片、幻灯片、影视胶片等）、计算机磁盘以及其他信息载体。记录档案必须科学、准确、翔实。它包括主卷、副卷和参考卷。

记录档案主卷：以记录保护管理工作和科学资料为主。主卷的第一部分是文字记录，内容有：全国重点文物保护单位登记表、地理位置和自然环境、历史沿革、保存现状、三个价值（历史、艺术、科学价值）、历次维修或发掘情况、保护范围及建设控制地带、保护标志和说明牌及界桩、重要文物登记表或目录索引、文物考古调查记录、保管机构或群众性保护组织、使用单位及保护机构等。第二部分是图纸、照片、拓片或摹本等。其中图纸包括：地理位置图、总平面图，建筑群体和主要单体的平、立、断面图，历次重要维修实测设计、竣工图；遗址发掘区遗迹平面图，典型地层剖面图，重要遗迹的平、剖面图；重要文物藏品的平、剖面图，等等。第三部分为电影片、录像、磁盘及其他信息载体。

记录档案副卷：以记载、收录该文物保护单位的有关行政管理文件，以及日常工作情况为主，如人民政府或文物行政部门有关保护该文物保护单位的文件、布告、通知、奖励、保护合同等。

记录档案参考卷：主要记载、收录与该文物保护单位有关的资料，如有关该文物保护单位的出版物，与主、副卷有关的详细资料等。

文物保护单位记录档案的建立，一般应由县级以上文物行政部门和文物事业机构负责。全国重点文物保护单位的记录档案，由省、自治区、直辖市文物行政部门指定的机构负责，并按上述法律规定报国家文物行政部门备案。记录档案必须保存在安全的场所，有必要的安保设施，并有专人负责管理。同时，相关部门应制定收集、整理、借阅、利用档案的制度，并认真贯彻执行。

四、设立保管机构

做好文物保护单位的保护管理工作，需要有组织保证。根据《文物保护法》第十五条的规定，对文物保护单位应"区别情况分别设置专门机构或者专人负责管理"。目前，一批文物保护单位已经设立了专门保护管理机构，负责文物保护单位的保护管理工作，也有的设专人负责管理。专门保管机构的主要任务，是对该处文物保护单位进行调查、保护管理、维修、藏品保管、宣传陈列、科学研究等。这些工作对保护管理好文物保护单位有重要意义。比如，开展文物调查，是专门保管机构的一项经常性的工作。只有经常进行深入的调查，才能不断了解和掌握所管理的文物的历史与现状，并预测它们以后的变化以及保护管理工作中可能遇到的问题。同时，只有经常开展有计划的、科学的调查，并对调查资料进行整理研究，才能建立和不断补充、完善文物保护单位的记录档案。对于古建筑等保管机构来说，做好古建筑、纪念建筑、民族风格建筑等的保养、修缮工作，是一项经常性的重要工作。

保管机构收藏的文物藏品，一定要及时登账、编目、入库，每件文物的名称、质地、时代、完残情况及编号，都要与文物账相符。文物藏品总账管理人员不能兼管文物。应制定严格的文物库房管理制度，确保文物安全。文物宣传工作是保管机构的经常性工作之一，应采取举办文物陈列展览、编印文物宣传材料等多种形式，或通过新闻媒体，经常向广大群众宣传文物知识、保护文物的意义以及与文物相关的法律法规，对群众进行爱国主义教育。

尚未设立专门保管机构的文物保护单位，特别是全国重点文物保护单位，应设专门的保管人员。县级以上政府也可以责成使用单位或有关部门负责保护管理，但保护管理工作需要接受文物行政部门的检查、指导和监督。

五、划出建设控制地带

在文物保护单位中，有些需要保护其周围人文环境和自然环境。保护环境风貌不受破坏，需要控制新的建设项目，控制新建筑的高度和体量等。

文物保护单位的环境风貌与文物保护单位相协调，具有时代特点和风格，应加以保护。古代建筑往往是与风景连在一起的，建设控制地带，应包括风景部分，使文物风景不受破坏。如一些古建筑、石窟寺与名山大川联系在一起，有不少景点是借景，要考虑在它们之间划出建设控制地带，以保护景观。建设控制地带的大小，应根据文物保护单位的实际，如群体与个别、集中与分散、周围的地理环境差别、经济发展规划等，因地制宜划定。

《文物保护法》第十八条的规定，为保护文物保护单位环境风貌提供了法律依据。规定如下。

> 根据保护文物的实际需要，经省、自治区、直辖市人民政府批准，可以在文物保护单位的周围划出一定的建设控制地带，并予以公布。
>
> 在文物保护单位的建设控制地带内进行建设工程，不得破坏文物保护单位的历史风貌；工程设计方案应当根据文物保护单位的级别，经相应的文物行政部门同意后，报城乡建设规划部门批准。

建设控制地带的划定，首先要根据保护文物的需要——并不是所有的文物保护单位都要划定建设控制地带。建设控制地是在文物保护单位保护范围之外划出的一定区域，它既保护文物保护单位本身，又保护文物保护单位周围一定范围内的环境风貌。因此，相关部门应根据文物保护单位的实际情况和保护其环境风貌的实际需要，即根据保护对象的格局、安全、环境和景观的需要，以及周围的地形、地貌、历史环境等，科学划定建设控制地带。具体划定工作由文物行政部门和城乡规划部门负责。全国重点文物保护单位和省级文物保护单位的建设控制地带划定后，须报省、自治区、直辖市人民政府批准。

在建设控制地带内控制建设项目的总的要求是，不修建直接或间接从空中或地下对文物构成危害和破坏文物保护单位的环境风貌的新建筑物和构筑物。根据这要求，在建设控制地带，不能修建形式、高度、体量、色调等与文物保护单位环境风貌不协调的建筑物、构筑物等。如必须修建，应按法定程序上报设计方案，经有关部门批准后方可建设。

第四节　历史文化名城保护

中国历史文化名城保护工作起步较晚。1982 年，国务院开始建设国家历史文化名城，至今被列入《国家历史文化名城名录》的城市有 134 个。此外，省级人民政府也公布了省级历史文化名城、名镇等。《文物保护法》第十四条规定如下。

保存文物特别丰富并且具有重大历史价值或者革命纪念意义的城市，由国务院核定公布为历史文化名城。

保存文物特别丰富并且具有重大历史价值或者革命纪念意义的城镇、街道、村庄，由省、自治区、直辖市人民政府核定公布为历史文化街区、村镇，并报国务院备案。

历史文化名城和历史文化街区、村镇所在地的县级以上地方人民政府应当组织编制专门的历史文化名城和历史文化街区、村镇保护规划，并纳入城市总体规划。

历史文化名城和历史文化街区、村镇的保护办法，由国务院制定。

上述法律规定，对文化名城区分和核定公布做出了明确规范，不再将文化名城区分为国家历史文化名城和省级历史文化名城。历史文化名城由国务院核定公布，历史文化街区由省级人民政府核定公布。

一、历史文化名城保护状况

近年来,各地对已公布的历史文化名城做了许多保护性工作,有些地方制定了文化名城规划,有些地方公布了历史文化名城重点保护街区,有些地方对文化名城重点街区和城墙进行了维修,有些省、市制定了历史文化名城保护条例等。

保护历史文化名城,最重要的是保存文化名城固有的格局和风貌。山西平遥和云南丽江等国家历史文化名城保护得好,最重要的就是它们保护了文化名城的固有格局和风貌。

平遥古城如图 4-1,丽江古城如图 4-2。

图 4-1 平遥古城

图 4-2　丽江古城

山西平遥县政府为了保护文化名城，从古城中迁出政府机关和一部分居民，建设一个新城区。云南丽江政府保护文化名城的基本做法和经验，是把新、旧城分开，保护旧城，建设开发新城。这些做法和经验，实际上是遵循世界上保护文化名城的共同模式，即新、旧城分开，保护旧城，建设新城。如法国巴黎、意大利罗马等，就是采取这一模式。平遥、丽江文化名城保护，采取新、旧城分开的模式，也取得了成功。

广州是国家历史文化名城，广州市政府多年来重视老城区的文物保护工作，对新发现的重要文化遗址，立即采取措施，全力保护。如在老城区中心地带发现了西汉南越国宫署遗址后，立即停止了这一地区的建设项目，并划出 4.8 万平方米保护区，作为控制建设地带。政府为此退补给外商近 2 亿元，同时拨款 3 亿元将与遗址相邻的儿童公园迁走。广州市政府为保护旧城的传统文化和发展建设新城做出了规划，还制定了《广州市历史文化名城保护条例》，条例规定："历史文化名城的保护应当遵循科学规划、分类管理、严格保护、合理利用的原则，维护历史文化遗产的真实性和完整性，保护与其相互依存的自然和人文景观，保持、延续历史文化名城的传统格局和风貌。"另外，为满足大量人口的居住、创业需求，广州市政府引导城市向东、向南发展。新区的开发，增加了城市的活力，避免了对旧城风貌的破坏，为旧城保护和改造留出了空间。这是广州市政府总结广州城发展历史和吸取其他城市在历史文化名城保护方面的经验教训后作出的正确选择。这实际上也是采取了新、旧城分开的模式。

采取新、旧城分开的模式保护历史文化名城，已逐渐为人们所了解和接受。除平遥、丽江、广州外，上海市规划、建设了浦东新区，保护了老城的历史文化街区。苏州市在苏州老城外另建新区，保护了历史文化名城苏州。相关例子很多，在此不一一列举。

需要注意的是，历史文化名城在城市现代化建设和改造中遭到严重破坏也是不争的事实。在我国城市化进程中，历史文化名城保护形势十分严峻，不容乐观。

在城市现代化进程中，许多具有历史文化特色和民族传统特色的名城基本格局、街区、名镇和古老建筑被拆除、改造、破坏。据报道，在历史文化名城遵义，遵义会址附近的街区建筑基本被拆除，这使原格局和历史风貌受到较大损坏；在历史文化名城福州，三坊七巷名存实亡；等等。现在，有相当一部分历史文化名城已基本上找不到原有的格局和历史街区风貌。

历史文化名城老城区，是文化名城基本格局和历史风貌最集中的区域，又常是城市改造的重点区域。20世纪90年代以来，大规模的现代化城镇建设和城市改造，对历史文化名城造成了较大的破坏。

历史文化名城和历史文化街区，集中体现了民族传统文化是我国历史文化遗产中的重要组成部分。面对城市化进程中历史文化名城的保护与城市建设的矛盾，相关部门要科学、合理地解决矛盾，把历史文化名城这项重要的文化遗产留给子孙后代。

二、历史文化名城保护规划

历史文化名城和历史文化街区、村镇，都是在不同历史时期形成的，具有自己的特点和风格。在制定历史文化名城和历史文化街区、村镇保护规划时，应注意保留其原来的风格。

在制定文化名城保护规划之前,相关部门应进行深入调查研究,从横的方面,摸清各类不可移动文物及风景名胜在地域和空间的分布、传统街区的保存与分布、城市布局等;在纵的方面,掌握城市不同发展阶段的文物的完整体系,结合横纵两方面的信息,深入研究历史文化名城的特点和风格。

我国国家历史文化名城,有的是王朝的都城,如西安、洛阳、开封、杭州、南京、北京等,它们有着丰富的历史文化遗产;有的是商埠都会,如上海、泉州、天津等,它们中外文化遗存甚多;有的是文化古城,如曲阜、敦煌、绍兴等,它们有丰富的传统文化遗存;有的是革命圣地,如南昌、遵义、延安等,它们有许多重要史迹,体现了革命传统,等等。这些文化名城各有特色。

只有在深入调查,进一步研究历史文化名城的布局和传统文化街区的分布,逐步摸清文化名城不可移动文物的数量、分布、价值的基础上,才能比较准确地评价历史文化名城的历史文化传统和特点,研究、制定历史文化名城的保护规划。

历史文化名城保护规划,应体现它的性质和特点,这是制定保护规划的原则。如承德既是国家历史文化名城,又是风景旅游城市,这是它的性质和特点。其规划应以此为据进行——老城区不宜扩大,严格控制人口;不宜建工厂,可发展电子工业、工艺品生产等。另外,尤其要保护好避暑山庄、外八庙等风景名胜。

历史文化名城保护规划是专项规划,是以保护历史文化名城布局、传统街区、文物古迹、风景名胜及其环境为重点的。它是城市总体规划的重要组成部分。编制保护规划时,以上述内容为重点,各项建设要与它们科学地结合,并相互协调。

具体而言,应根据不可移动文物的历史、艺术、科学价值,确定其级别和重点,对单体的古建筑、纪念建筑物或建筑群连片地段、典型街区(传统街区)、古城遗址、古墓葬区等,要按其重要程度,以点、线、面的形式划定重点保护区和建设控制地带。通过规划,把它们有机地组织到城市的整体环境中去。要特别注意保留名城固有的、合理的总体布局，特别注意保持整个城市空间环境的协调，从而达到保护历史文化名城传统风貌的目的。

历史文化名城保护涉及生产建设、日常生活等各个方面，在制定保护规划时，要处理好各方面的关系。如处理好城市现代化建设和历史文化名城保护的关系，处理好城市生产、生活和历史文化名城保护的关系，处理好发展旅游业与历史文化名城保护的关系等。

在管理方面，既要执行历史文化名城保护规划及保护、控制措施，又要开展宣传、教育工作，协调处理各方面的关系，努力争取各方面密切配合和积极合作，以得到广大群众的理解和支持，只有这样，才能真正把历史文化名城保护好、管理好。

第五节　国际社会关于保护历史文化名城的规定

世界上许多国家都十分重视对历史文化名城的保护，并制定了相应的法律、法规。

一、《关于历史地区的保护及其当代作用的建议》

联合国教科文组织大会第十九届会议于 1976 年 11 月 26 日在内罗毕通过了《关于历史地区的保护及其当代作用的建议》（以下简称"《建议》"），其"总则"部分如下。

2. 历史地区及其环境应被视为不可替代的世界遗产的组成部分。其所在国政府和公民应把保护该遗产并使之与我们时代的社会生活融为一体作为自己的义务。国家、地区或地方当局应根据各成员国关于权限划分的情况，为全体公民和国际社会的利益，负责履行这一义务。

3. 每一历史地区及其周围环境应从整体上视为一个相互联系的统一体，其协调及特性取决于它的各组成部分的联合，这些组成部分包括人类活动、建筑物、空间结构及周围环境。因此一切有效的组成部分，包括人类活动，无论多么微不足道，都对整体具有不可忽视的意义。

4. 历史地区及其周围环境应得到积极保护，使之免受各种损坏，特别是由于不适当的利用、不必要的添建和诸如将会损坏其真实性的错误的或愚蠢的改变而带来的损害，以及由于各种形式的污染而带来的损害。任何修复工程的进行应以科学原则为基础。同样，也应十分注意组成建筑群并赋予各建筑群以自身特征的各个部分之间的联系与对比所产生的和谐与美感。

5. 在导致建筑物的规模和密度大量增加的现代城市化的情况下，历史地区除了遭受直接破坏的危险外，还存在一个真正的危险：新开发的地区会毁坏临近的历史地区的环境和特征。建筑师和城市规划者应谨慎从事，以确保古迹和历史地区的景色不致遭到破坏，并确保历史地区与当代生活和谐一致。

6. 当存在建筑技术和建筑形式的日益普遍化可能造成整个世界的环境单一化的危险时，保护历史地区能对维护和发展每个国家的文化和社会价值作出突出贡献。这也有助于从建筑上丰富世界文化遗产。

《建议》中的"保护措施"部分，重点提及"立法及行政措施"与"技术、经济和社会措施"。《建议》对"国家、地区和地方政策""研究、教育和信息"与"国际合作"等也做了相应规定。

二、《保护历史城镇与城区宪章》

国际古迹遗址理事会第八届全体大会于 1987 年 10 月在华盛顿通过了《保护历史城镇与城区宪章》，规定了保护历史城镇和城区的原则、目标和方法。《宪章》分"序言与定义""原则和目标""方法和手段"三个部分，主要包括以下内容。

"序言与定义"部分如下。

一、所有城市社区，不论是长期逐渐发展起来的，还是有意创建的，都是历史上各种各样的社会的表现。

二、本宪章涉及历史城区，不论大小，其中包括城市、城镇以及历史中心或居住区，也包括其自然的和人造的环境。除了它们的历史文献作用之外，这些地区体现着传统的城市文化的价值。今天，由于社会到处实行工业化而导致城镇发展的结果，许多这类地区正面临着威胁，遭到物理退化、破坏甚至毁灭。

三、面对这种经常导致不可改变的文化、社会甚至经济损失的惹人注目的状况，国际古迹遗址理事会认为有必要为历史城镇和城区起草一国际宪章，作为"国际古迹保护与修复宪章"（通常称之为"威尼斯宪章"）的补充。这个新文本规定了保护历史城镇和城区的原则、目标和方法。它也寻求促进这一地区私人生活和社会生活的协调方法，并鼓励对这些文化财产的保护。这些文化财产无论其等级多低，均构成人类的记忆。

四、正如联合国教育、科学及文化组织 1976 年华沙 内罗毕会议"关于历史地区保护及其当代作用的建议"以及其他一些文件所规定的，"保护历史城镇与城区"意味着这种城镇和城区的保护、保存和修复及其发展并和谐地适应现代生活所需的各种步骤。

"原则和目标"部分如下。

一、为了更加卓有成效，对历史城镇和其他历史城区的保护应成为经济与社会发展政策的完整组成部分，并应当列入各级城市和地区规划。

二、所要保存的特性包括历史城镇和城区的特征以及表明这种特征的一切物质的和精神的组成部分，特别是：

（一）用地段和街道说明的城市的形制；

（二）建筑物与绿地和空地的关系；

（三）用规模、大小、风格、建筑、材料、色彩以及装饰说明的建筑物的外貌，包括内部的和外部的；

（四）该城镇和城区与周围环境的关系，包括自然的和人工的；

（五）长期以来该城镇和城区所获得的各种作用。任何危及上述特性的威胁，都将损害历史城镇和城区的真实性。

三、居民的参与对保护计划的成功起着重大的作用，应加以鼓励。历史城镇和城区的保护首先涉及它们周围的居民。

四、历史城镇和城区的保护需要认真、谨慎以及系统的方法和学科，必须避免僵化，因为，个别情况会产生特定问题。

"方法和手段"部分如下。

一、在作出保护历史城镇和城区规划之前必须进行多学科的研究。保护规划必须反映所有相关因素，包括考古学、历史学、建筑学、工艺学、社会学以及经济学。保护规划的主要目标应该明确说明达到上述目标所需的法律、行政和财政手段。保护规划的目的应旨在确保历史城镇和城区作为一个整体的和谐关系。保护规划应该决定哪些建筑物必须保存，哪些在一定条件下应该保存以及哪些在极其例外的情况下可以拆毁。在进行任何治理之前，应对该地区的现状作出全面的记录。保护规划应得到该历史地区居民的支持。

二、在采纳任何保护规划之前，应根据本宪章和威尼斯宪章的原则和目的开展必要的保护活动。

三、新的作用和活动应该与历史城镇和城区的特征相适应。使这些地区适应现代生活需要认真仔细地安装或改进公共服务设施。

四、房屋的改进应是保存的基本目标之一。

五、当需要修建新建筑物或对现有建筑物改建时，应该尊重现有的空间布局，特别是在规模和地段大小方面。与周围环境和谐的现代因素的引入不应受到打击，因为，这些特征能为这一地区增添光彩。

六、通过考古调查和适当展出考古发掘物，应使一历史城镇和城区的历史知识得到拓展。

七、历史城镇和城区内的交通必须加以控制，必须划定停车场，以免损坏其历史建筑物及其环境。

八、城市或区域规划中作出修建主要公路的规定时，这些公路不得穿过历史城镇或城区，但应改进接近它们的交通。

九、为了保护这一遗产并为了居民的安全与安居乐业，应保护历史城镇免受自然灾害、污染和噪音的危害。不管影响历史城镇或城区的灾害的性质如何，必须针对有关财产的具体特性采取预防和维修措施。

十、为了鼓励全体居民参与保护，应为他们制定一项普通信息计划，从学龄儿童开始。与遗产保护相关的行为亦应得到鼓励，并应采取有利于保护和修复的财政措施。

十一、对一切与保护有关的专业应提供专门培训。

第五章 出土文物、馆藏文物的科学研究和保护

第一节 青铜器的研究与保护

中国有几千年的青铜器冶铸史，在冶铸技术上有着辉煌的成就。

郭沫若把中国的青铜时代分为四个时期，即鼎盛期（商代到西周前期）、颓败期（西周后期至春秋中叶）、中兴期（春秋中叶至战国末期）、衰落期（战国末年以后）。

黄河流域在龙山文化晚期和齐家文化时期，出现了红铜、黄铜、青铜制造的器物，如刀、铲、凿、斧、镜等。经过检测，红铜器物是用锻打的方法制成的；镜为青铜，是用范铸造的。随着原始社会的逐步解体，黄河流域进入文明时代，青铜冶铸业普遍发展起来。

到了殷商时期，青铜器用途之广、种类之多、纹饰之美、铸工之精，表明中国青铜冶炼技术有了高度发展。中国青铜器在商代和西周达到了鼎盛时期，青铜文化已经成为这一时期的时代特征，反映了奴隶社会的社会生产力发展水平，反映了当时的社会制度和阶级关系，反映了社会的物质文明和精神文明。历史学家称这一时期为青铜时代。

一、青铜器铜锈的类别

青铜器主要指先秦时期用铜锡合金制作的器物，流传至今，大多有几千年的历史。这些器物不管是传世品、馆藏物，还是新出土的文物，都遭受了不同程度的腐蚀，器物上有各种类型的腐蚀物，也就是我们通常见到的"铜斑绿锈"。有的铜锈在铜器表面形

成蓝色和绿色的覆盖层。这种覆盖层古香古色，往往被当作青铜器年代久远的象征。但也有一些"铜斑绿锈"掩盖了青铜器原有的美丽纹饰、镶嵌，有的还掩盖了具有重要历史和科学价值的铭文。尤其要注意的是，一些绿色粉状锈，会使青铜器的腐蚀不断加深，甚至穿孔毁坏。为了保护珍贵的青铜器，充分显示它们的历史、科学、艺术价值，我们必须采取科学的技术手段对其进行处理。

因为每个青铜器的成分和耐腐蚀性不同，所处环境不同，它们的腐蚀情况和腐蚀程度也各不相同：有的仅在器物的表面形成一层各种颜色的腐蚀膜，而金属本身并没有受到腐蚀破坏；有的铜质已完全矿化；有的表面有各种各样的锈斑、锈块，在锈斑、锈块之下，铜质也有很重的腐蚀破坏。总体来说，对于青铜器而言，有的腐蚀已处于相对稳定状态，有的腐蚀活动相当活跃，有的腐蚀正持续不断地发展着。

二、青铜器铜锈的结构和成分

故宫博物院科技部利用镜检分析、吹管分析、X射线粉晶分析、扫描电镜分析等方法进行检测，发现青铜器上所形成的锈的情况非常复杂，其主要成分有：氧化铜（CuO，黑铜矿，黑色）、氧化亚铜（Cu_2O，赤铜矿，红色）、硫化铜（CuS，靛铜矿，靛蓝色）、硫化亚铜（Cu_2S，辉铜矿，黑色）、碱式碳酸铜〔1.$CuCO_3·Cu(OH)_2$，孔雀石，暗绿色；2.$2CuCO_3·Cu(OH)_2$，蓝铜矿，石青，蓝色；3.$2CuCO_3·3Cu(OH)_2$，蓝色〕、碱式氯化铜〔1.$CuCl_2·3Cu(OH)_2$，氯铜矿，绿至黑绿色；2.$CuCl_2·Cu(OH)_2$，双绿铜矿，淡绿色〕、硫酸铜（$CuSO_4·5H_2O$，胆矾，蓝色）、碱式硫酸铜〔$CuSO_4·3Cu(OH)_2$，水硫酸铜矿，绿色〕、氯化亚铜（$CuCl$，氯化亚铜矿，白色）、氧化锡（SnO_2，锡石，白色），等等。

这些锈是青铜器在空气中或地下接触相应的气体和盐类后，发生化学和电化学反应而逐渐形成的。例如，铜器和氧接触可以形成红色氧化亚铜，进而生成黑色氧化铜。

在青铜器作为生活用器的时期，有些在使用时被加热过，这类器物表面就容易形成一层黑色的氧化铜；有些与溶解了二氧化碳的水或地下水相接触，其表面就容易形成蓝色和绿色的碱式碳酸铜、蓝铜矿、孔雀石。此外，青铜器的表面往往容易出现一层极为细密、光滑的灰绿色锈，这是由于青铜的含锡量较高，锡与铜以固溶状态共存，其中的铜被碳酸沥出成溶液或形成沉积的碱式碳酸铜，而锡则直接转化为极类似于矿物锡石的氧化锡。

在被腐蚀的青铜器中，一部分器物的表面出现光洁的膜，而大量器物的表面出现了锈斑、锈块，有不少铜体受到的腐蚀破坏很严重。青铜器的锈层都有明显的层状结构。例如，1983年广州象岗山西汉南越王墓出土的一个青铜提桶，其锈层的横断面可以分辨出七层带：孔雀石〔$CuCO_3·Cu(OH)_2$〕绿色带；赤铜矿（Cu_2O）红色带，中间夹杂有蓝色胆矾（$CuSO_4·5H_2O$）颗粒；孔雀石和赤铜矿共生〔$CuCO_3·Cu(OH)_2+Cu_2O$〕绿色包裹红色带；胆矾（$CuSO_4·5H_2O$）蓝色带；黑铜矿（CuO）黑色带；赤铜矿（Cu_2O）红色带；孔雀石〔$CuCO_3·Cu(OH)_2$〕绿色带。

三、青铜病的产生及其变化规律

经过模拟实验可以得出青铜病的产生及其变化规律。将不带"青铜病"的青铜器残片和除去绿色粉状锈后的带有"青铜病"的青铜器残片，放入不同温、湿度的环境中进行实验，可以发现：未带"青铜病"的青铜器残片在不同温、湿度的环境中没有发生明显变化；带有"青铜病"的青铜器残片，在较高湿度的条件下，表面很快出现明显的新生的绿色粉状锈，而在相对湿度低的情况下，则没有出现绿色粉状锈。

那么青铜病是怎样形成的呢？常见的解释有：古代青铜器埋在地下，因容易接触到地下氯化物形成氯化亚铜（$CuCl$）；遇到土壤中的水分（H_2O）形成氧化亚铜（Cu_2O）和盐酸（HCl），氧化亚铜在遇到水时可能形成碱式碳酸铜〔$CuCO_3·Cu(OH)_2$〕。

带有青铜病的青铜器出土后，受到空气中的水、二氧化碳、氧的侵袭，将继续腐蚀并产生碱式碳酸铜〔$CuCO_3·Cu(OH)_2$〕，腐蚀程度加深后，青铜器会出现穿孔，直至被彻底破坏。

四、青铜器的保护

（一）青铜器文物保护方法分析

1.整形

因为青铜器文物长期深埋在地下，出土时极易受到挤压和撞击，进而导致器物变形。在对其进行整形时，可以用机械式方法进行修复，根据青铜基体的质地和变形程度、腐蚀情况，有针对性地进行操作。目前常用的方法有捶打法、模压法、工具法等。在整形时，相关工作人员要尊重历史，选择恰当的整形方式。以对西周镂空蛇纹鞘剑（如图5-1）进行整形为例，该剑是被损毁后埋入墓葬的，那么今人对它进行整形时，就不宜将它修复为未损毁形态。

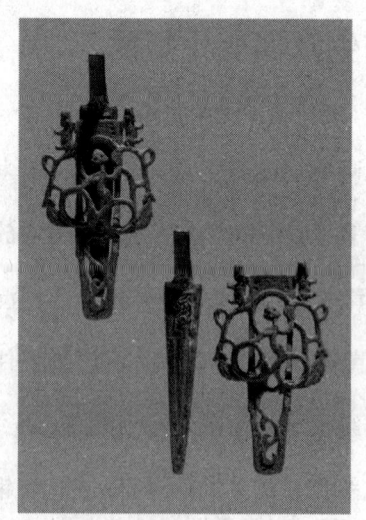

图 5-1　镂空鞘青铜短剑

注：西周时期铸品。长 24.3 厘米，
鞘长 18.7 厘米，宽 10.5 厘米。

2.补配

对青铜器文物残缺处,工作人员要制作和残缺件相同的配件,才能复原青铜器文物的整体面貌。需要注意的是,配件材料选择以同体材料为主,也可以使用异体材料进行补配,异体材料主要包括锡铅合金及合成树脂等。目前常用的青铜器补配件制作方法主要有打制法、铸造法、塑造法。

3.錾刻

青铜器文物的纹饰多种多样,按照纹饰制作工艺进行划分,包括铸造纹饰、镶嵌纹饰、雕刻纹饰等类别。工作人员要使用特殊刀具,在补配件上錾刻出器物纹饰,现纹饰要和原纹饰保持一致风格。需要注意的是,在对器物进行錾刻前,要按照器物腐蚀程度确定先补后錾还是先錾后补。

4.固接

在对青铜器文物进行固接修复时,要将破碎的器物残片按照形状和纹饰、色彩及茬口等,找出衔接处并做好标记,为之后的加固工作奠定基础。目前常用的青铜器文物固接方法是焊接法。

(二)青铜器文物保护技术分析

1.提取文物信息

青铜器文物的造型、纹饰、线条和铭文等,均有着较高的历史价值和艺术价值,使用数码拍照技术和三维扫描技术对青铜器文物信息进行提取,能获得良好的效果。

三维扫描技术将光、机、声和计算机技术融合在一起,在研究青铜器外形、色彩、铭文的过程中,发挥着至关重要的作用。在对青铜器文物进行扫描后,便可明确文物的立体空间坐标,并可得知该青铜器是否存在表面破损情况。之后将实物信息转化为数字信号,运用计算机技术提升实物数据的准确性和规范性。如此,研究人员便可掌握青铜器文物的详细信息。时代在发展,科技在进步,三维数字扫描技术也有了巨大突破。运用三维数字扫描技术,可以在短时间内提取青铜器文物的大量信息。使用非接触扫描技术研究青铜器文物,可以通过建立数字模型的方式,获取器物的纹理信息和色彩信息,并且还能将器物的体积和面积等呈现出来。

青铜器文物经过千百年的岁月洗礼,很多细化特征慢慢消失,所以当务之急就是要利用先进科技保护好青铜器文物。文物工作者要全面提取青铜器文物的三维数据信息,并在此基础上研究青铜器文物在不同时期的特点,进而了解青铜器在不同阶段的变化,如此才能制订、优化文物保护方案。与此同时,文物工作者还要对青铜器文物的保存环境加以改善,提高保护措施的针对性和合理性。

2.研究锈蚀成分

青铜器文物表面的锈蚀形态和附属产物会将青铜器腐蚀过程和腐蚀机理反映出来,这对后续的青铜器文物成分研究工作、青铜器文物制作工艺研究工作有着巨大的借鉴作用。

青铜器锈蚀的种类,主要是由青铜器的成分及其所处的环境决定的。氧化铜、氧化亚铜、氧化锡等,都是比较常见的青铜器锈蚀。锈蚀出现后会相互掺杂在一起,进而在器物表面呈现出不同的颜色。氯铜矿呈粉红状,若不能对其进行有效处理,那么它会在短时间内蔓延,严重时会造成器物表皮脱落或腐烂,使器物的外观受到严重损伤。

文物保护工作者可以使用超景深三维视频显微镜和扫描电镜分析技术等,将青铜器文物锈蚀的微观形态拍摄出来,如此有利于对器物锈蚀成因和特点进行细致分析。超景深三维视频显微镜可以将显微倍数放大,工作人员便可以观察到器物更加细微的纹路脉络。光学透镜属于超景深显微系统的核心技术之一,其观察范围可以扩大到几千倍,使用光学显微镜,利用目镜透视功能,可细致观察器物,之后器物图像会显示在 ICD 屏幕上。如果青铜器文物体型较小,为方便观察,可直接在显微镜载物台上加以操作,通过增设内窥镜附件便可以详细分析文物的锈蚀情况,之后根据锈蚀特征酌情调整显微镜的放大倍数。

3.分析合金成分

青铜器合金的成分十分复杂,在不同时期,青铜器成分也会发生相应的变化。进行青铜器文物合金成分研究时,可应用 X 射线荧光光谱仪器,测定青铜器含有的各种元素。使用此类手段检测青铜器文物,可以最大限度降低对青铜器的损害程度,且有利于快速分析其合金成分。再者,使用 X 射线荧光光谱仪设备可以检测出元素周期表中十分靠后的元素,这样工作人员便可以在第一时间快速进行判断,如此有利于提高青铜器检测的科学性和准确性。

五、青铜器铭文的保护

铭文又称金文、钟鼎文,指铸刻在青铜器物上的文字。与甲骨文同样为中国的一种古老文字,是华夏文明的瑰宝。青铜器铭文在商周时期已经是一种相对成熟的书法艺术,为历代研究书法的人们所重视。从史料学的角度来看,青铜器的铭文因为具有极其丰富而确凿可信的史料价值,而显得十分珍贵。综上所述,保护铭文的意义重大。下文以西周青铜器何尊铭文的发现和保护为例,探讨铭文的保护方法。

何尊(如图 5-2)是中国首批禁止出国(境)展览文物、国家一级文物,是中国西周早期一个名叫何的西周宗室贵族所作的祭器,1963 年出土于陕西省宝鸡市宝鸡县贾村镇(今宝鸡市陈仓区)。何尊口圆体方,雕兽面文,纹饰粗犷有力,工艺精湛,造型朴实,器物完好,通体光亮,呈银灰色,但尊的内壁和底部锈层坚硬厚实。

图 5-2 何尊

注：西周早期铸品。口径 29 厘米，圈足底径 20×20 厘米，通高 38.5 厘米，重 14.6 千克。

1972 年，陕西省博物馆将何尊等一批文物运到北京，准备参加出国展览。为确保文物的安全，上级主管部门在出国展览前委托文物保护科学技术研究所、中国历史博物馆、故宫博物院的文物保护科技人员对准备出国展览的文物进行一次全面检查。

在检查何尊时，工作人员发现，因其内壁和底部锈蚀面积大，可能会受海洋气候的影响而加深锈蚀，因此他们决定对何尊作除锈处理。在除锈中，他们发现底部似有铭文的痕迹，于是决定将铜锈全部清理干净。

开始时，工作人员用长柄工具清理表面的硅酸盐混杂物，但因何尊的底部较深，操作不便。他们又改用化学法除锈，选用的除锈液有柠檬酸、罗谢尔盐（酒石酸钠与酒石酸钾形成的复盐），因器物底部锈斑有些许硅酸盐夹杂，所以除锈效果不理想。经讨论研究，工作人员改用锌粒-氢氧化钠电热溶液（液温达 80 ℃），倒入溶液后，尊底产生气泡，当气体挥发完，反应终止，再倒出尊底部的残液，用蒸馏水反复洗刷。终于，锈

第五章　出土文物、馆藏文物的科学研究和保护

层松动，并一片一片脱落下来。工作人员对少量残锈又用此法反复清洗了两次，终于使尊底的铭文显露出来。（铭文如图 5-3 所示）

图 5-3　何尊铭文

采用电化还原法清除铭文上的锈，效果非常好，铜体受到阴极保护，表面不会受到化学药物的伤害。除锈后的铭文字迹清晰，共有 122 字。

何尊表面有几处粉状锈点，工作人员采用氧化银封闭法作了处理。工作人员还在何尊内外涂刷苯骈三氮唑，并用高分子材料进行封护。何尊处理至今已有 30 多年了，现在陈列于宝鸡青铜器博物院，保存完好。

何尊出土 10 年未发现铭文，这 122 字铭文的发现，引起了国内考古学界和历史学界的重视。这 122 字铭文记述了周成王时期迁宅成周的重大史实。何尊兼具艺术与史料价值，是西周青铜器代表作之一。

史学家称赞，对文物的科学保护，使得何尊铭文重见天日。

第二节　古书画装裱修复技艺

中国书画艺术历史悠久,为书画艺术服务的装裱技术也源远流长。装裱技术,对纸、绢书画作品能否长久流传是一个极为重要的影响因素。

明代的高濂在《遵生八笺》中曾说过古画失传的原因大概有五种:"古画年远,纸绢已脆,不时卷舒,略少局促,即便折损,破碎无救,此失传之一。童仆不识收卷有法,即以两手甲抓画卷起,不顾边齐,以轴杆着力紧收,内中绢素碎裂,此失传之二。或遭屋漏水湿、鼠啮猫溺、梅雨霉白,不善揩抹,即以粗布擦摩,逐片脱落,此失传之三。或出示俗人,不知看法,即便手托画背,起就眼观,绢素随折;或挂画忽慢,以致堕地折裂,再莫可补,虽贴衬何益,此失传之四。或遭兵火水溺,岁苦流移,此失传之五。"可见,造成书画破损的原因是多方面的,这就要求修复者才去相应的对策,将书画修复完好。

一、古书画常见损伤

1. 画心的折痕与裂痕

在挂轴上常见的是水平方向的,手卷则是横向。从结构上来看,长轴与手卷因为有地杆,通常卷起来收放。如果画心不平,卷时就容易起皱,造成折痕。如果装裱的糊较硬,产生的折痕有时较锐利,会造成颜料层的剥落。

2. 画心的中空与重皮。

画心出现中空与重皮,常见的原因是:托心时糊刷与排刷有均匀的笔笔相接,如果糊刷走漏了或排刷没有排实就会造成画心的中空与重皮。如此,卷放时就容易皱起剥落。

3.画心上的污脏

因年代久远，或受到烟、油等污染，古书画上会形成一些附着物。附着物主要有三种：①有机物质。如蜡、树脂、油、油脂、植物胶、动物胶等。②无机物质。如可溶性盐、不可溶性盐、金属侵蚀的残留物等。③生物残留。如微生物。这些物质会危及书画的安全，影响文物的艺术价值。

此外，还有其他原因造成的古书画损伤。比如画心存在残缺破损及酥朽不可还原处——这是破损较严重的书画中普遍存在的现象。再如，前人修复不当造成的修复困难或因特殊的自然原因造成的残损等。

面对上述各种破损情况，修复者需要根据不同的状况制订适宜的修复方案，其目的归纳起来不外乎两种：一是揭旧换新，延长书画存世的时间，即为保护书画而进行的修复；二是整修复原，为了恢复书画的原貌而进行的修复。而两者的常规处理方法大体上是一致的，就是将古旧字画通过重新装裱、修整而形成完整的面貌。

二、古书画修复方式

最常规的修复画心方法主要有以下几个步骤。

（一）洗心

如果画心因烟熏尘染，质地变黄变黑，可先掸拂去画面上的浮尘，然后拆裁旧裱的镶料。如要保存原镶料，则将裱件用水润透，将各部分镶料小心拆下保存，拆裁镶料时一定注意书画心的字款、印章等。

如书画心有石青、石绿、曙红等易晕化褪色的颜色，应在掸去灰尘后，给书画刷上胶矾水加固。工作人员要注意把握胶矾水（胶和明矾与水混合后俗称胶矾水）的用量。如画面颜色稳固，可将画心放入清水内浸泡，隔时换水，即可明净。对于污迹较重的书画，可用热水浸泡，或缓缓浇淋开水。对于画面颜色受潮返铅的情况，可用双氧水涂抹消除返铅处。需要注意的是，在用药物去污后，务必用清水冲淋画心，免蚀纸绢。"画复鲜明，色亦不落"为洗画的原则。

水洗书画心，通常有三种洗法：

淋洗法：书画心画面向上，平铺于案上，用排笔蘸水闷润。或平展于洗画台上，缓缓用清水冲浸，隔时换水或展开搭于晾杆上。冲洗后将画心向下反铺于案上，用毛巾吸干水分。这种方法一般适用于残破程度较小的书画。

刷洗法：先将书画面向上铺在案上，用排笔蘸热水湿透（局部可用毛笔），再铺热毛巾覆盖闷透，然后用毛巾反复吸净书画上的水分。特别脏的地方可用热水多烫几次。最后把毛巾卷成长条卷状，在画面上推滚，将含在画心中的污水挤出，再用清水冲洗。

浸泡法：对于较难冲洗的画心，可将画心置于洗画台上，用冷水或热水浸泡，隔时换水，直至浸泡书画的水变清。

在实际操作中，上述的几种洗法通常不是单一使用的，而是根据具体情况混合运用。清洗的难点在清霉、去污、治铅。

霉也是书画的大敌，只要沾上即难尽除。现代科学证实，霉是一种形体小、代谢旺盛、繁殖力和破坏力都极强的菌类，而且菌种极其繁杂，目前仅从纸张上分离到的霉菌就达105属、266种之多。一根菌丝几天之内即可通过不断繁殖使物品损坏，即使金属、玻璃等物品也难逃其劫，而纸张、绢素等制品一旦染上，轻则变质，重则腐烂。

画心生霉，有红、黑等霉，对于霉迹的处理，目前采用的药剂主要有高锰酸钾和乙二酸等。在使用过程中，工作人员要严密监视这两种药剂，并对反应结果用试纸加以检测。黑霉相对容易处理，如情况不严重，一次即可除掉。但书画上的红霉即使不严重也难以根除，红霉处可用高锰酸钾溶液涂抹，稍时再涂双氧水和淡草酸水。

在使用以上药剂之后，画心一定要用清水清洗，冲洗干净残留的药剂，以免纸受到腐蚀。可以说，无论药水去霉还是清水治污，都要经过反复清洗这一环节。

（二）揭旧

对古旧书画的装裱一定要按严格的工作程序进行，不能草率马虎，揭旧这一环节是关键。如果方法把握不好，稍有疏忽大意，就容易出现掉色、厚薄不匀等问题，甚至会揭伤画面，形成花斑，使画失去原貌，不可收拾。所以，在下手装裱之前，工作人员一定要深思熟虑，检看画的污损情况，辨明纸绢种类、性能、透明度、厚薄等，并一一记录在案。对于重要的或珍贵的书画，事前还应拍照留底。在工作过程中，一旦有疑难，或出现意外情况，相关人员一定要及时找出补救办法。

揭旧要在尽量不损伤画心的基础上，将旧的裱料去除。揭前，工作人员通常将画心正面用排笔蘸清水或温水刷湿，并将一张水油纸贴于画心正面，将作品反置于案上待揭。再用棕刷排实，把空气排出。古旧字画多有断裂，如在揭心之前不附加垫纸，揭托之后，不易起案。画心局部颜色不稳定的，应稍施淡胶矾水，干后，再行闷水。

揭时，应选择较顺手的方向，循序渐进，可先试局部，找出易揭的部位，如局部难揭，可覆盖毛巾，继续用热水烫、闷几次，使旧浆分离。揭旧纸本画心，不要损伤原画。至于画心残破不堪，需要全色的，应揭去靠原作的那一层托纸。有些书画用色易掉，揭时不能从有字或有画处往外揭，而应该从空白处开始揭，这样可避免因手指接触有色部分而弄脏画心。

揭去托纸后，画心厚度尚未匀调的，可用手轻轻把厚处揉掉。久经尘烟熏染的旧画心，托纸已朽，着湿如泥，难分层次，不容易揭，只可轻轻将画心托纸揉掉。有些残破糟朽的画心，当日揭不完时，应在已揭过的部位，均匀地放置些湿纸团，然后覆盖一层塑料薄膜，以防画心干裂错位。

在揭旧时，常会遇到一些棘手的问题。如在装裱"扬州八怪"之一黄慎的一幅画时，画心纸本呈棕灰色，严重残缺，画心脱空，破碎，像豆腐渣。针对这种情况，在动手前，

127

要先拍照片，再着手操作。工作人员对画进行冲洗，用网绢翻在画心正面，然后揭开背纸。但在揭的过程中，工作人员发现过去装裱揭旧时，陈旧纸没有揭干净就进行刷浆托纸，所以这次揭旧时不但要揭去背纸，还要将过去残留的陈旧纸揭干净，否则装裱出来的画就难以平正贴切。由于残留陈旧纸与画心粘连，为保证质量，工作人员只能耐心地细搓慢揭。为了达到理想的效果，单揭旧就用了整整 20 天。揭净后的画心残缺不全，针对这种情况，为防止排笔刷浆时引起画心走动，破坏画面，工作人员又采取了飞托法，保全了画心原貌。

在博物馆的旧画装裱中，还常遇到古代墓葬中出土的书画件。这些画件上往往沾有尸水、织物等糟朽杂质，并时常伴有恶臭。遇到这类情况，工作人员要先将恶臭味除去，然后进行修复、装裱。在进行化学除臭的处理过程中，切忌将色彩冲淡褪色，以至画作面目全非。在处理前，化学药物一定要经过试验，确定药物的安全性，否则不如让恶臭自然消散。

（三）托补

对于古旧书画的托补，首先要配补料。由于古旧书画绢本的年份不同，破旧程度也不一，且种类繁多，所以揭裱前，先要选配合适的补绢和托纸，使补洞的绢丝与画心质地相接近。只有补绢的颜色与画心颜色接近，补绢的自然裦光才能与画心本身相接近。托纸一般要染配上适合画心的颜色。配补材料的颜色不能深于原件颜色。已揭好的纸本画心，如完整，可调兑稀糊，托一层比命纸命绢稍浅的旧色纸。如有残缺，可用手指将画心残处边际刨出薄口，选好补纸，端正纹理补上，并在补口边际刨出薄边，使接缝处厚度适宜。

补缀残缺的绢本字画主要有两种方法：一种方法是揭毕待干，用刀将残处刮成薄口，上糊补绢，待浆口干后再修刮补绢边际，使补口相合。另一种方法对画心造成的损害更小，是托上一层与原命绢质地、丝纹相近的薄绢。正面如有残缺，可用素纸补在托绢的背面，使画心薄厚统一，干后再用刀修磨画面残缺处的边际。托旧绢画心时，要用干纸吸去正面的溢糊，以免留有浆迹，影响古旧作品的裦光。古旧书画心经修补后，一般还需加以衬边，以保护书画心，方便日后的揭裱。

（四）全色

全色即通过着色的方法对补口作旧，"全"字强调了补口与原画品貌要尽可能一致。

字画经揭托，待干后，工作人员一定要使补纸补绢的矾性适度。否则，矾轻则透色，矾重则滞笔。全色时，工作人员应将颜色调兑得浅些，使颜色渗进纸纹纤维，取得画面色调统一的效果。画心有缺笔的，补全时，需先审视画心气韵及用笔特点，然后轻勾轮廓，调兑颜色，进而全之，力求使补全的一笔一点、一墨一效均与原画浑然一体。对于一些具有重要学术研究价值的经卷、书籍、契证等文物，经过洗污补托，如有残缺，不必求其复原，只把残缺处的色调全补得与通幅基本一致即可。

工作人员在配制颜色时，要将画心本色与补洞底色反复比较，配色时要随画意的变化灵活加减颜色。全色时，笔头要干湿得当，不能太干太潮，否则会出现笔丝纹路，或水化漫浸。全色不能一次求成，一般是由浅到深，先补小洞后补大洞，经过数遍才行，否则很难做到使颜色与原画吻合。

为使其他光源造成视觉色差的情况得到避免，全色必须在自然光下进行。即便如此，由于同一天内不同时间的光照强度是不同的，还有前后两天的气候条件也存在差异，这些都可能对全色产生影响。再有不同的技术水平，也往往会导致不同的全色结果，并有一面光、两面光、三面光、四面光的质量区别。一面光是指从正面观看，看不出全补的痕迹；二面光是指从正面和左、右某个侧面观看，看不到全补的痕迹；三面光是指从正面和左、右两个侧面分别观看，都看不出全补痕迹；四面光则是指无论从哪个方位检验，均看不出全补痕迹。只有具有丰富的全色经验和极深厚功底，所做全色工作才能浑然天成。

洗、揭、补、全四个环节环环相扣，每个细节都不得有丝毫的差错，否则极容易造成难以弥补的后果。这种做法从古代一直延续至今，除了少数的化学药剂与科技手段的介入，其基本做法没有发生太大的变化，始终是以保存原画心为目的的重新托裱。

第三节　铁质文物的保护

在中国古代，人们对铁器的生产是非常重视的。铁器大致兴起于战国，发展于两汉，成熟于南北朝。流传至今的铁质文物众多，需要修复和保护的铁质文物也是数不胜数。

一、铁质文物的病害

（一）定义

铁质文物病害，即由于人为或自然病因介质（大气、水分、土壤等）的存在，通过一定的过程（物理、化学、生物变化等），造成铁质文物外观出现一定变化（缺损、异位、污损、锈蚀等），并达到一定程度（轻微损害、一般损害、严重损害、损毁）的损害。

在此需要说明的是：①铁器制作过程产生的缺陷不是文物病害；②文物病害是由物理、化学、生物等因素造成的损害；③铁质文物病害与铁质文物腐蚀不同。

（二）类型

铁质文物的病害可分为多种类型，具体如表5-1所示。

表 5-1 铁质文物病害状况分类表

分类标准	类别	主要现象	相关案例
按照外观分	缺损病害	残缺、断裂、孔洞	河南登封少林寺铁锅（图 5-4）发生了残缺和断裂；存放于河南登封中岳庙寝殿的铁钟，钟顶内部有明显的烧痕；河北沧州铁狮腿部发生了通体锈蚀
	异位病害	裂纹、变形、瘤状物	
	污损病害	烧痕、涂画、磨损	
	锈蚀病害	点状锈蚀、层状锈（片腐蚀）、面锈蚀、通体腐蚀	
按照病因分	人为造成病害	保护意识缺位、保护环境不当、保护方法失当、故意破坏	用水泥补河南郾城镇河铁牛（图 5-5），使铁牛出现裂纹
	自然造成病害	大气、水、土壤、动植物等对铁质文物造成侵蚀	由于雨水的直接侵蚀使存放于扶沟县博物馆的铁钟受损严重，铭文被锈蚀，不少已无法辨认
按照病理分	物理病害	残缺、断裂、孔洞、裂纹、变形、瘤状物	长期受外力影响，河南临颍小商桥（图 5-6）桥面腰铁发生了变形
	化学病害	点腐蚀、片腐蚀、面腐蚀、通体腐蚀、烧痕	周口关帝庙铁旗杆（图5-7）有明显的层状锈蚀（片腐蚀），其局部出现离层，某些部分已成块脱离；河南登封少林寺方丈室铁钟出现面腐蚀状况
	生物病害	微生物侵蚀	植物生长在铁质文物中，加速了腐蚀过程，导致铁器基础不牢靠，潢川陕西会馆铁旗杆因此出现生物病害（图 5-8）
	综合病害	应力腐蚀、触摸损害、涂画	登封中岳庙铁人脚面因长期被手摸，使得字迹磨损严重；河南洛阳鼓楼灵钟多有涂画
按照损害程度分	轻微损害	—	具体量化标准仍待研究
	一般损害	—	
	严重损害	—	
	损毁		

图 5-4　河南登封少林寺铁锅

注：明代铸品。口径 1.68 米，周长 5 米，内深 0.83 米，壁厚 0.02 米。锅沿铸"万历四年十一月少林禅寺常住造大锅一口，重一千三百斤"字样。

图 5-5　镇河铁牛

注：道光九年（1829 年）铸品。牛身长 1 米。

图 5-6　小商桥

注：小商河原名小漶河，桥因此名为小漶桥。初建于隋开皇四年（584年）。宋初，为避宋太祖之父讳，改"漶"为"商"。北宋时重修小商桥。后元大德、明正德、清康熙年间均有维修。小商桥全长 21.3 米，宽 6.45 米。

图 5-7　周口关帝庙铁旗杆

注：清嘉庆二年（1797年）陕西同州府大荔、朝邑、澄城天平会众商人敬献。旗杆高 22 米，共重 1.5 万余千克。

图 5-8 潢川陕西会馆铁旗杆

注：清嘉庆十四年（1809年）铸品。杆高20米，直径0.28米，重17 500千克。

各类病害性状表现不一，其中四类铁质文物病害现象相对普遍：残缺断裂（属物理病害）、表面锈蚀及脱落（属化学病害）、生物滋生（属生物病害）、刻划污损（属综合病害）。

残缺断裂现象表现为铁质文物在存放、使用或搬运过程中，因受到撞击或受力不均匀等原因，而产生裂纹或裂缝，严重时会出现断裂，甚至某些部位缺失，这属于物理病害。如果出现缺失，那么文物的完整性就受到直接损害。此类病害多见于铁塔的塔身和底座、铁狮的颈部和底座、铁缸的底座以及铁人的铁身，而在铁炮和铁钟上则较为少见。

表面锈蚀及脱落现象以表面锈蚀和锈蚀脱落为特征，既有从某一点展开的点锈蚀，也有呈鱼鳞状的片锈蚀，严重的会出现层状脱落，还有的铁质文物出现面锈蚀。这些都属于化学病害。

生物滋生现象表现为在文物的某些部位的沉积物上滋生出苔藓或其他生物,一般在铁质文物表面凹凸不平处、残损处出现,属于生物病害。如铁炮炮口处有淤泥堆积,淤泥中会长出苔藓。

刻划污损现象是指由于人为的刻划或是污损,导致铁质文物的腐蚀、损坏速度加快,表面审美形象破坏,这属于综合病害。

二、铁质文物的保存环境

控制环境是文物保护的重要方式。防止和减缓各种有害因素的损害,研究并创造各类文物保存的最佳条件,通过对环境的监测与控制,延长文物寿命,是文物保护的先决条件和必由之路。

对于铁质文物而言,改变其保存环境会起到不错的效果。比如控制整座库房和展厅的温度、湿度、光线、有害气体等。铁质文物适合在 20℃左右的温度条件和相对湿度小于 35%的湿度条件下保存。目前我国许多博物馆都对库房的环境进行监测,并配备了恒温恒湿系统,控制文物的温、湿度环境,这有利于降低对文物的损害程度。

三、铁质文物保护步骤

各文物保存单位,还应定期检查本院的铁质文物,了解文物的存储状况,并定期进行修复工作,以延长文物的寿命。

如 2022 年,洛阳市文物考古研究院启动院藏铁质文物保护修复项目,对 116 件患有严重病害的铁质文物进行保护性修复。这批铁器共 116 件,存在明显的土锈、开裂、起翘、剥落、矿化等严重病害。为了延长铁器文物的寿命,减缓文物劣化速度,工作人员需要运用科学的技术进行抢救性修复和保护。

铁质文物的保护方法有很多，但大多需要经过除锈、脱盐清洗、干燥、缓蚀处理、表面封护等步骤。

（一）除锈

由于铁的性质很活泼，所以出土的铁质文物大部分已被锈蚀。有些疏松的有害锈会使文物加速腐蚀，故而出土铁质文物后，必须先除锈。常见的除锈方式有手动除锈和超声波除锈两种。

手动除锈。即用刻刀、锤子等工具，剔除铁器表面厚重的泥土、硬结物、较疏松锈蚀层等。同时将剔除下的铁锈、泥土等样品收集起来，以待后续进一步进行科学分析。

超声波除锈。将铁器（经常是经过手动除锈的铁器）放入超声波清洗机，加入去离子水后加热进行超声清洗，完成后用去离子水再对铁器表面反复冲洗。再将除锈后的铁器放入烘箱烘干。

除锈工作可将铁器表面的土壤附着物及较疏松的铁锈清除。

（二）脱盐清洗

脱盐清洗就是将文物表面及内部的盐类去除。盐类有一定的吸水作用，可以在文物表面及内部形成电解液，加速文物的腐蚀，对铁质文物的危害很大，其中危害最大的是氯盐，所以要对铁质文物进行脱盐清洗。

脱盐清洗的方法主要有如下几种。

1.蒸馏水浸泡脱盐法

这是早期比较常用的方法，将出土文物浸泡在蒸馏水中几小时（水要保持一定温度），待水中盐的浓度稳定后将水倒掉，再加入新鲜的蒸馏水进行再次浸泡，直至水中的盐浓度很低时停止浸泡——这说明脱盐已完成。用这种方法脱盐，效率低，操作时间长。

2. 碱性溶液浸泡脱盐法

当海水中的铁质文物放在碱性水溶液中时,腐蚀产物中的氯离子被氢氧根离子取代。这个过程是一个平衡过程,氯离子释放进入溶液中的量和速率随着pH值的增大而增大,随着溶液中氯离子浓度的升高而减小。

这种方法也存在脱盐效率低的问题,而且化学介质有时会对文物造成腐蚀。

3. 碱性亚硫酸盐还原法

亚硫酸盐溶液是由氢氧化钠＋亚硫酸钠＋去离子水组成。其中,氢氧化钠和亚硫酸钠的纯度必须合格,尤其注意不允许额外的离子进入水溶液,因为如果有杂质离子进入水溶液,有可能加速文物的腐蚀,而化学药品中常含有一些杂质离子,这对文物保护不利。

4. 索格利特萃取法

索氏萃取器的操作原理是:将加入长颈瓶中的水加热到沸腾,上升的水蒸气经回流冷凝器冷却而成蒸馏水,蒸馏水则慢慢流入放有铁器的容器中,氯化物被溶解于该蒸馏水中,直至到达虹吸管的高度后再返回长颈瓶中,如此反复循环。为了尽快产生水蒸气,并使该循环在较少的氧气环境中进行,可用真空泵抽真空减压到200 mmHg的条件下注入氮气进行清洗,来消除可溶性盐类。这样处理可以避免铁器暴露在空气中受氧化,同时还可以使易碎的和矿化严重的铁器能经受较长时间、相当缓慢的清洗而不使它们受到氧气或湿热气体的袭击。

(三)干燥

由于水对铁质文物的破坏作用极大,因此实施过任何使用水的保护措施后,都必须马上对铁质文物进行强制干燥。

干燥的方法较多,可采用鼓风干燥、化学试剂干燥,还可以将铁质文物放进电热箱或者将其置于红外灯光下进行干燥。

（四）缓蚀处理

要使铁质文物长期保持稳定，对其进行缓蚀处理是非常必要的。因为在铁质文物表面形成一层比较致密的保护膜，可以使文物隔绝有害气体、霉菌、灰尘等污染。

所选的铁器缓蚀剂要无色透明、可在常温下干燥。而且缓蚀剂的涂层要薄，抗老化性要好，有较强的附着力，对人体和环境无公害等。

（五）表面封护

铁质文物保护的最后步骤是进行表面封护，即将涂有缓蚀剂的铁器封护在一个小环境中。

所选的封护剂需具备以下特点：①对铁质文物的附着力要强；②材料自身的内聚力要强，材料强度较大；③材料的收缩力要小；④在铁表面所形成的封护膜要无色透明、无光亮，能阻止水气以及有害气体侵蚀铁质文物；⑤有较好的耐老化性能，保存的时间较长；⑥在封护材料需要去除时，要有方法溶解，即有较好的可逆性；⑦处理时工艺简单，操作方便；⑧对环境和人基本上不造成污染和危害。

第四节　古代壁画的保护

中国壁画艺术是民族绘画遗产中重要的组成部分。古代壁画蕴含着大量的历史、文化、艺术信息，形象地展现了各个民族、各个时代的社会风貌，具有重要的历史、科学和艺术价值。但是，由于古代壁画遗址往往所处环境恶劣，经受着风、雨、火、地震、虫害、霉菌等多种破坏，目前普遍存在严重的病害，亟待保护。

修复壁画的难度是比较大的，需要修复者拥有深厚的艺术造诣、文化修养以及化工知识等。而且由于地域和石质的差异较大，所以各地的石窟结构也略有不同，在造像和绘画的制作手法及材料的使用上也各有差异，加上中国石窟壁画的地仗质地松散，壁画真正的附着层面极其有限，仅如蛋壳一样薄，这些都为石窟壁画修复与保护工作增加了难度。

一、壁画损坏的原因

古代壁画由于经受长年累月的自然破坏，其保存、保护状态常常是很差的，往往会发生颜料层起甲（如图5-9），酥碱（如图5-10），表皮空鼓、剥落（如图5-11）等现象。

图 5-9　壁画颜料层起甲　　　　图 5-10　壁画酥碱

图 5-11　壁画空鼓、剥落

（一）水分的影响

水分对壁画会产生重要影响。壁画水分的来源主要有四个。

第一，由于房顶或房檐等的塌漏，造成雨水渗入壁画；由于画壁直接暴露在降雨区，造成壁画渗水。

第二，由于画壁与潮湿地面相连，水分通过毛细现象，从地面上升至画壁。

第三，大气中的湿热水蒸气在画壁上冷凝。

第四，由于画壁上存在灵敏的吸湿材料，吸收了水分。

雨水会对彩绘表面造成直接损坏，彩绘表面对水越敏感，则情况越明显。至于极薄的涂料层则损坏得更快。遇水后，使用有机黏合介质的画以及以灰泥或黏土为基础的地仗很快就会显出分解的迹象。

庙宇、寺院的画壁一般是砖土墙，砖、土的结构特点是多孔疏松，有缝隙，容易吸水,所以砖土墙基础下的水分就可以沿着砖土墙往上升——这属于由毛细现象造成的潮湿。这种情况,壁面一般有持续的黑污垢,从墙根至墙壁一定高度会有风化现象。

有时,画壁会因为冷凝现象而受潮。这种情况主要是在画壁干而冷,大气暖而湿的情况下发生的。墓葬里的冷凝现象常在春天和夏天发生,但对于地面上的建筑物,如有一定厚度的、致密的岩石墙或石灰岩墙来说,冷凝现象则常发生在冬天。当发生冷凝现象时,水汽和空气污染物(二氧化硫、二氧化碳)相互作用,会生成酸,酸将侵袭和削弱碳酸盐地仗。如果由化学作用所生成的可溶性盐类侵入地仗内,最后以固态形式沉积在地仗上,则可能造成壁画和地仗的分解。

总之,潮湿是壁画发生变化的重要原因。事实上,潮湿加速了各类病害的进程,促进了其他反应,甚至造成建筑物墙面绘画结构的破裂。

(二)可溶性盐类的运动

地仗和画壁上可溶性盐类的运动是威胁壁画的重要因素。

壁画受各种因素影响,经常处于不稳定的状态。这和墙壁结构本身的不稳定性不同。壁画虽然是墙体不可分割的一部分,但它特别脆弱,会受到墙壁及其周围环境变化的影响,尤其是湿度变化。比如,随着水分在局部区域的蒸发,冷凝,又蒸发,壁画很有可能逐渐分解。

从土壤中来的,带有盐分的水,通过毛细现象从地面上升至墙壁。在通向了墙壁后,又可能被墙壁内的可溶性盐类进一步污染。如果水是从墙壁上方渗入,也会有相似的结果。这些水分将在壁画表面结晶,或在壁画脆弱的画层后结晶,而盐分有可能结晶渗出。伴随着蒸发现象,壁画还会发生外部风化。

因此,盐分结晶造成的结果有两种:表面或外部的粉化,在墙壁内部的隐蔽粉化。

（三）生物作用

当壁画处在相对湿度高于 65%的空气中时，各种微生物，如霉菌、藻类和地衣生长得相当迅速。因此，在持续潮湿的地方可以经常看到微生物的存在。它们能在壁画表面形成各种颜色的污斑，并改变涂料层和地仗外貌。在清除微生物之后，工作人员可能发现彩绘表面有一定程度的损坏。有时这种损坏看似很微小，只呈现小孔状，但是随着时间的推移，它却能够扩大直至整个壁画表面。所以，工作人员要对壁画进行彻底处理，查明受潮的原因，并想办法隔断水分。

（四）大气污染作用

一般来说，大气污染物能够促使艺术品分解。大气污染物可分为天然污染物和人为污染物两类。

天然污染物主要有以下两种。

第一，二氧化碳。二氧化碳中，一部分来自自然，一部分是由于人在有限的空间内，如房间、岩洞等限制空气流通的地方呼吸产生的。大气中所含的二氧化碳和水反应生成碳酸，碳酸溶液缓慢地溶解出碳酸钙，产生了可溶性碳酸氢钙，它很快又会由于失去水而再次分解，沉积成一层不溶性碳酸钙——所以我们经常看到有一层白色物质覆盖在壁画上。石灰石岩洞里的岩画有时也会出现类似的情况，那是因为从岩石里面渗出来的溶有二氧化碳的水将岩石的碳酸钙溶解成碳酸氢钙，最终导致岩画表面有的碳酸钙沉积物。

第二，天然烟雾。既小又轻的颗粒，能够在空气中稳定地悬浮的被称为烟雾。通常它含有细硅石、碳酸钙（从地面上来），以及主要从海洋来的碱金属氯化物和碳酸盐。

人为污染物主要有以下两种。

第一，二氧化硫。这是含硫物质如煤和矿物油燃烧的产物，它很容易氧化成三氧化硫。在大气中水分的作用下，三氧化硫还会转化为硫酸。大气中的水分也可能将它转化为硫酸。这种酸会侵袭含钙物质（如石灰石、大理石）和以石灰为基础的地仗。因此，碳酸钙就会硫酸化而成为硫酸钙，壁画的分解速度也会加快。

第二，人类活动造成的烟雾。城镇大气中形成的烟雾，特别是工业区所含烟雾都会沉积在该区域壁画的表面，对其造成污染。

（五）光的作用

光，特别是阳光中的紫外线，能够使有机物质发生变化，这种因光而使物质分解的作用叫作光解。

壁画上的有机植物颜料也会因阳光的照射而随着时间的推移变色、褪色。同样，阳光中的红外线将引起颜料和地仗的黏结材料出现不同程度的热膨胀，造成颜料层的剥落。红外线也会破坏修复时所用的黏结材料。

此外，光还与水蒸气、氧相互作用。如空气中的氧能在光的影响下产生活泼形态，引起颜料的氧化变质。

二、壁画的保护方法

在确定保护方法之前，必须对壁画损坏的原因及损坏的情况作详尽的调查，这样才能选择正确的保护方法。

一般来说，在对壁画本身进行保护处理前，必须根除造成壁画损坏的环境因素，如防止水源渗至壁画上，控制温度、湿度（温度、湿度要求稳定，最怕一时干、一时湿，变化过大的环境对壁画的保存极为不利），使其保持在适宜壁画保存的范围内，尽量降低光照水平，以免壁画遭受损伤等。

防止水源的渗入就是检修和修复建筑物的渗漏处,或是隔绝岩石的水源和修筑排水系统,修筑画壁的水隔断层等。控制温湿度,就必须加强通风。如果有条件的话,安装空气调节设备是最为理想的。

(一)涂料层的洁除

壁画上面的灰尘可以用软毛刷扫除,若颜料对水不太敏感,也可以用棉花或棉纱蘸水轻轻揩擦,国外也有用面包屑擦掉灰尘的。

如果除尘埃以外,还有油污,特别是有烟迹,就必须使用溶剂去除。一般使用效果比较弱的溶剂,必要的时候才考虑使用强效溶剂。一般情况下,使用浓度在10%~20%的氨水,可以得到满意的效果。工作人员可用纱布包上棉花,蘸取氨水溶液,缓慢地涂擦污渍。在使用这一方法之前,工作人员要特别注意这种做法对耐久性最差的颜料是否有影响。此外,用浓度在10%~20%的丁胺水溶液或浓度在80%~90%的环已胺水溶液,也可得到相似的效果。

当壁画表面相当硬,只用溶剂不能去除时,可将硅藻土或滑石粉加进溶剂中,缓和地进行磨蚀。在极端情况下,壁画表面也可以用硬脂酸铵糊处理,让其反应几分钟至几小时。在处理之前应先做相应的试验,确定方法是否可行,以免对壁画造成不可挽回的损伤。

如果壁画以前曾用蜡处理过,其色调会逐渐变暗。工作人员可用四氯化碳或三氯乙烯处理。

如果壁画以前使用过树脂清漆处理,如今画面发暗,且存在其他损伤,工作人员可用二甲基甲酰胺或用松节油,加上醇或苯和丙酮处理。

如果壁画有盐分粉化现象,工作人员可在有可溶性盐的地方,先用扫刷清理,再用水洗涤。也可以在用扫刷清理之后,再将湿的纸浆施于壁画表面——此法只能在颜料耐水的情况下进行。通过此法可使盐分溶解并吸收到纸浆中,这样反复操作,最终会把盐分全部除去。

如果壁画表面长有苔藓,可考虑使用硅氟酸钠,或是氯化锌和氯化镁处理,以毒杀生物。

(二) 壁画的加固

1.颜料的加固

当颜料已处于剥落状态,或是变为粉状时,则需要使用加固剂加以固定。一种良好的加固剂应该对加固的颜料有足够的黏结力,而且必须是无色的、可逆的,能充分渗透,并且耐磨。

目前比较常用的加固剂有聚甲基丙烯酸丁酯、聚乙烯醇缩丁醛、聚醋酸乙烯酯等。它们都是无色透明的,能溶于有机溶剂如苯、乙醇、丙酮中,使用的方式是涂刷还是喷涂,取决于壁画保存状况及现有的工作条件。如果壁画的颜料较为脆弱,经不起刷子涂刷,则可以考虑喷涂。一般使用的固定剂浓度为2%~5%。若太稀,则起不到加固作用;若太浓,则会在壁画表面形成一层发亮的薄膜,影响壁画的外观。壁画上过剩的加固剂溶液可以用棉花擦去。

将聚乙烯醇缩丁醛用作加固剂时,要注意壁画表面一定要保持干燥状态,否则,涂刷时加固剂溶液会泛白。工作人员还可以用红外灯烘烤(但要注意把握好度,否则颜料会因过热而卷翘),来使壁画表面保持干燥。一旦出现泛白现象,可用棉花蘸乙醇溶液擦拭。

2.地仗的加固

地仗的加固有两种情况。

如果地仗由于一些原因而变成粉状时,可以用上述的固定剂渗透加固。如果地仗本身很结实,但壁画不再黏结在墙壁上而脱开,形成空鼓的状态时,那就要进行系统的地仗加固工作。

首先要检查及标出空鼓的范围——可通过用手轻轻敲击壁面所发出的声音来判断。

然后，要用固定剂注射填补。如果某一地方需要进行注射，但空鼓处没有破损，工作人员要从壁画表面钻一个孔眼直到空鼓的地方——此时必须注意选择损伤最小的地点。孔眼的直径为2~3毫米，每个空鼓处钻一个，之后再注射固定剂。

固定剂的浓度要适当，先用较稀的，再用较浓的，如果要填充的孔穴太大，最好加上一些细沙或大理石粉一类的填料。在注射期间以及注射以后，固定剂凝结以前，都要支撑好壁画以防止其脱落。

在注射完成以后，还要给表面施加一定的压力，直至固定剂凝固，使地仗牢固地贴在墙壁为止。施加压力时，可用一个平板覆盖在壁画表面，在平板后用一根木棍支撑住。

（三）揭取

壁画的揭取迁移是一项工艺技术比较复杂的工作，只有在对壁画进行周密和详尽的调查研究之后，认为采取其他方法都不能挽救壁画时才可以使用这一办法。

揭取壁画的方法主要有三种：揭取颜料层；揭取颜料和地仗；揭取颜料层、地仗和部分墙壁。

1.揭取颜料层

此工艺操作的前提条件是当地仗的硬度和颜料层的黏接力都不足以允许颜料层与地仗一起揭取，或是地仗太薄，或是壁画表面不是一个平面（如拱形顶壁画等），或是壁面凹凸不平。在这些情况下，可采用此法。壁画在使用此法迁移之后，原来所特有的表面状态（如拱面、曲面等）就失去了。

在使用此工艺进行操作之前，必须先做实验，证明此法是可行的。揭取原料层的步骤大致如下。

首先，用软刷子轻轻地在壁画表面打扫，清洁表面，并注意除去有碍于进行此工艺操作的物质。之后，用刷子将第一层胶直接施于壁画上，胶的流动性不能太大。可以用聚乙烯醇缩丁醛、聚醋酸乙烯脂，也可以用水溶液的聚乙烯醇或桃胶。如果壁画本身坚固性不足，则可以在加固壁画之后再上一层胶，但应注意的是这一层胶与第一层胶不应是互溶的。

施胶之后就要往上贴布，通常用棉纱布或大麻布，棉纱布或大麻布的尺寸应比要揭取的壁画每边大几厘米，大出的部分不应施胶。将棉纱布或大麻布紧紧地贴在壁画表面，并轻轻地拉伸，要注意观察，使壁画和贴布之间没有气泡。

待第一道胶已干燥，第一层纱布紧紧地贴牢在壁画表面之后，即可施第二道胶。第二道胶应比第一道胶的流动性大。两道胶相比，通常第一道胶较浓，因为要预防贴布的编织印痕留在颜料层表面，同时也让它在干燥时作必要的收缩。

第二层布可使用更结实的棉布或大麻布。在贴面布已干、胶料变硬以前，开始揭画操作。胶干燥的时间不仅受大气相对湿度的影响，而且受墙壁的潮湿度以及所用胶料的影响。在相对干燥的环境中，胶干燥的时间为一两天，而如果环境相当潮湿，则干燥时间需要延长。此外，如果用有机溶剂作为溶剂的胶料，则干燥的时间较短；若用水作为溶剂的胶料，则干燥所需要的时间较长，必要时还要依靠人工加热干燥。

揭画操作的步骤是沿着贴面布的边缘整齐地切割颜料层，切割的深度要稍稍超过颜料厚度，然后以正确的角度坚决而又均衡地从墙上往外托，先从一个下角开始，工作人员要时时监视贴面布是否真正将颜料层从地仗里拉出来。当颜料层被贴面布拉出来时，则随拉随卷起来。另一种方法是用卷筒，贴面布连同颜料层从下部到上部被卷到卷筒上，但这只用于平整的画面。

当然，如果需要的话，工作人员还要借助锋利的尖刀（如锋利的外科手术刀），剔除妨碍揭取壁画操作的地仗或其他障碍物。

壁画揭取下来以后，要将其画面向下平放在柔软的水平面上（背面朝上），这时可用尖刀、锉刀和磨料等工具去除背面上可能带下的地仗残片，尽量使背面成为干净平坦的平面，工作人员也可以在背面刷一层胶黏剂，加固颜料层的背面，但所用的胶黏剂要与贴面时用的胶相逆、互不溶解。

待此层胶干燥后即可决定其背面是否要复制地仗，如果不复制，可直接用胶黏剂和玻璃布加固。如果要复制地仗，则胶的成分要尽量接近原先的地仗，而且还可以在胶中加聚醋酸乙烯酯乳液或聚乙烯醇等水溶性或水乳化的树脂，以增加地仗的坚实程度。待地仗快要干透时，要用抹子将可能出现的裂缝抹压去，这样经过重复的若干次抹压，地仗就基本上平坦无裂缝了，这时便可以在其上施加胶黏剂，贴玻璃布了。

在地仗上刷完第一层胶后就贴上第一层玻璃布，再用刷子在玻璃布上反复涂刷几次，使玻璃布平坦地紧贴在地仗上，然后待它彻底干燥以后，再刷第二层胶，贴第二层玻璃布，方法与第一层相同。

待到第二层玻璃布及胶完全凝固、干燥，而且很牢固后，再将整个壁画翻转过来，使画面朝上，这时就可以动手将贴面布揭掉了。如果贴布时所用的胶是水溶性的，则可用热水软化贴面布；如果所用的胶是以有机溶剂作为溶剂的，则可用有机溶剂软化贴面布，比如用棉花蘸溶剂在贴面布上敷贴或轻轻揩擦，使整个壁画表面的贴面布完全软化，再将贴面布慢慢揭去。工作人员在操作时要有耐心和细心。在胶黏剂足够软化前是不能揭贴面布的，否则会造成颜料层的损伤。当胶黏剂完全软化之后，可轻轻将贴面布揭走，留在壁画表面的余胶黏剂要用棉花蘸溶剂一一擦去。

这种只揭取颜料层的工艺，曾在辽宁法库辽代古墓中的壁画揭取保护工作中使用过，并取得成功。该古墓壁画现藏于辽宁博物馆。

2. 揭取颜料与地仗

当壁画的情况不宜于只揭取颜料层，也不适合连同部分墙壁一起揭取时，常见的办法是将壁画的颜料层连同附着的地仗一起揭取。使用此工艺操作方式的先决条件是地仗牢固地附着在颜料层上，否则就会在揭取时造成颜料层与地仗脱离，损伤壁画。

操作的第一步是清洁画壁表面，设法不留下复杂的障碍物，而且要注意检查整个壁画表面的颜料层是否结实，颜料层与地仗是否牢固地结合在一起。如有不理想的地方，需要进行加固，而且还要保证壁画表面的干燥，然后方能进行揭取。

壁画的上胶及贴布的顺序以及所用的材料与只揭颜料层的基本相同，但要注意上第一道胶时，胶不应像只揭颜料层的那样稠。因为此工艺操作方法并不需要壁画在凝结时收缩。同时，由于用此法所揭取的壁画的数量比上法要多得多，所以在贴第二层大麻布时，麻布尺寸也有所不同，麻布上方要比画壁顶部多出至少30厘米，并将麻布牢固地钉在墙壁上。如果墙上有彩绘时，则钉在牢固、结实的水平木梁上。

用一把锋利的手术刀沿着已预先划好的揭取线进行切割，与此同时，要准备好一块同样大小的木板，以备以后的揭取操作——在壁画剥离以及把它提升取走时作为支撑之用。

当揭取线已切割完成时，即可将木板附在其上作为支撑物。木板与壁画间可填充毡一类的缓冲物，而贴布周围的富余部分则翻过来折在木板的边缘上，并牢固地钉在木板的背面——这时要特别注意壁画顶部的安全。至此，地仗就可以从墙壁上剥离开了。在剥离地仗时，可用一把长铁铲作为杠杆，在地仗与墙壁之间进行剥离，操作时是从底部开始向上进行的，这样剥离出来的砖块就会集中在壁画后面了。当壁画完全剥离开后，让它小心地滑下来，直至"躺"在地面上。这时，可削减背面地仗的厚度至约1厘米，并将其弄平。

如果材料不是太坚实的话，甚至还可以削得更薄一些，这样就只留下一层薄薄的地仗了，当然此地仗是比较牢靠的，否则的话，就不能用这一工艺而是要用上一种工艺进行操作了。在地仗的背面可刷一道聚醋酸乙烯乳液或聚丙烯酸乳液以加固地仗，待其干燥，即可刷环氧树脂、贴玻璃布了。共要上两道树脂，贴两块玻璃布，操作工艺与揭取颜料层的相同。当树脂凝固，玻璃布黏结结实以后，可将壁画翻转过来，把贴面布揭去，操作方法与揭取颜料层的相同。

参 考 文 献

[1] 北京市文物局.守望故宫[M].北京：北京美术摄影出版社，2008.

[2] 北京市政协文史资料委员会.北京文史资料精选：石景山卷[M].北京：北京出版社，2006.

[3] 北京市地方志编纂委员会.北京志：世界文化遗产卷 故宫志[M].北京：北京出版社，2005.

[4] 淳子，伟立.上海格调[M].上海：上海辞书出版社，2013.

[5] 窦忠如.奇士王世襄[M].北京：北京出版社，2014.

[6] 段勇.古物陈列所的兴衰及其历史地位述评[J].故宫博物院院刊，2004（5）：14-39，154.

[7] 贺葆真（著），徐雁平（整理）.贺葆真日记[M].南京：凤凰出版社，2014.

[8] 廉南湖.梦还集[M].北京：中华书局，1931.

[9] 李晓东.略论文物标准体系建设[J].中国文物科学研究，2009（4）：1-4.

[10] 刘晋冀.浅谈如何做好地方文物保护利用工作[J].文物鉴定与鉴赏，2020（3）：148-149.

[11] 骆黎萍.谈文物保护与利用中存在的问题及对策[J].龙岩学院学报，2003，（S1）：187-188，190.

[12] 孙洵.民国书法史[M].南京：江苏教育出版社，1998.

[13] 孙芮.博物馆文物保护与管理的发展探索[J].大众文艺，2018（15）：37.

[14] 田恒铭.中国画坛一老兵：谈石谷风先生和他的画集[J].美术之友，2000（1）：45-47.

[15] 王晓红. 谈文物保护与利用中存在的问题及对策[J]. 黑龙江史志，2014（5）：177.

[16] 王忠山. 浅谈文物保护与利用[J]. 黑龙江史志，2009（1）：89.

[17] 王琪. 如何做好配合基本建设考古经费预算及管理[J]. 辽宁经济，2004（6）：65.

[18] 杨世纯，杨世缄. 双松百年[M]. 北京：中国社会出版社，2006.

[19] 周泽丹. 浅谈文旅融合视角下的文物保护和利用[J]. 文物鉴定与鉴赏，2020（3）：158-159.

[20] 张桂琴. 女人自己的歌[M]. 青岛：青岛出版社，1995.

[21] 郑欣淼. 故宫博物院与辛亥革命[J]. 故宫博物院院刊，2011（5）：6-22，160.

[22] 郑欣淼. 故宫博物院学术史的一条线索：以民国时期专门委员会为中心的考察[J]. 故宫博物院院刊，2015（4）：20-40，159.